U0369983

大夏书系
十年经典

周国平论教育

周国平 著

上海著名商标市
ECNUP

华东师范大学出版社

全国百佳图书出版单位

序

　　我不在教育界工作，更不是教育家，怎么也来谈教育了呢？可是，在今天，目睹弊端丛生的教育现状，哪个有责任心的中国人不在为教育忧思？身受弊端的危害，哪个心力交瘁的家长不在把教育埋怨？那么，我也和大家一样，只是以一个公民的身份发表一些感想罢了。

　　当然，既然我是学哲学的，当我思考教育问题时，就一定会把这个专业背景带进来。我在哲学上做的工作，大量的是对人生问题的思考。不过，我相信，人生问题和教育问题是相通的，做人和教人在根本上是一致的，人生中最值得追求的东西，也就是教育上最应该让学生得到的东西。我的这个信念，构成了我思考教育问题的基本立足点。

　　人生的价值，可用两个词来代表，一是幸福，二是优秀。优秀，就是人之为人的精神禀赋发育良好，成为人性意义上的真正的人。幸福，最重要的成分也是精神上的享受，因而是以优秀为前提的。由此可见，二者皆取决于人性的健康生长和全面发展，而教育的使命即在于此。

　　不错，这只是常识而已。唯因如此，真正可惊的是，今天的教育已经多么严重地违背了常识。一种教育倘若完全不把人性放在眼里，只把应试和谋生树为目标，使受教育者的头脑中充满死记硬背的知识，心中充满谋生的焦虑，对于人之为人的精神性的幸福越来越陌生，距离人性意义上的优秀越来越遥远，我们的确有权问一下：这还是教育吗？

有智者说：经济决定今天，政治决定明天，教育决定未来。此言极是，因此，最令人担忧的是今天教育的久远后果，一代代新人经由这种教育走上了社会，他们的精神素质将决定未来中国数十年乃至上百年的精神水准和社会面貌。让教育回归人性，已是刻不容缓之事，拖延下去，只会愈加积重难返，今后纠正起来会更加事倍功半。

无论个人、民族，还是人类，衡量其脱离动物界程度的尺子都是人性的高度，而非物质财富。个人的优秀，归根到底是人性的优秀。民族的伟大，归根到底是人性的伟大。人类的进步，归根到底是人性的进步。人性是"由无数世代苦心积累的神圣不可侵犯的庙堂珍宝"（尼采语），守护这一份珍宝，为之增添新的宝藏，是人类一切文化事业的终极使命，也是教育的终极使命。

据我所见，凡大哲学家都十分重视教育，他们致力于人性和人类精神的提升，而唯有凭借正确的教育，这个事业才有成功的希望。我一直想系统地研习大师们的教育著述，不做完这项工作，我知道自己对教育是说不出真正有分量的话的。我一定会做这项工作的，请假我以时日。现在这个集子，只是汇编了我迄今为止与教育有关的文字，我自己并不满意，但暂时只好如此。我相信，在针对今天教育发出的众多清醒的声音之中，我的加入多少也能起一点积极的作用。

周国平

2009 年 5 月 28 日

目　录

第一辑　教育的理念

第二辑　阅读与素质教育

第三辑　孩子的心智和父母的责任

第四辑　哲学与语文教学

第五辑　生命教育

第六辑　灵魂教育

第
一
辑

教育的理念

◎生长本身没有价值吗？一个天性得到健康发展的人难道不是既优秀又幸福的吗？就算用功利尺度 —— 广阔的而非狭隘的 —— 衡量，这样的人在社会上不是更有希望获得真正意义的成功吗？

◎一切教育都可以归结为自我教育。学历和课堂知识均是暂时的，自我教育的能力却是一笔终身财富。

教育的七条箴言

何为教育？教育究竟何为？教育中最重要的原则是什么？古今中外的优秀头脑对此进行了许多思考，发表了许多言论。我发现，关于教育的最中肯、最精彩的话往往出自哲学家之口。专门的教育家和教育学家，倘若不同时拥有洞察人性的智慧，说出的话便容易局限于经验，或拘泥于心理学的细节，显得肤浅、琐细和平庸。现在我把我最欣赏的教育理念列举出来，共七点，不妨称之为教育的七条箴言。它们的确具有箴言的特征：直指事物的本质，既简明如神谕，又朴素如常识。可叹的是，人们迷失在事物的假象之中，宁愿相信各种艰深复杂的谬误，忘掉了简单的常识。然而，依然朴实的心灵一定会感到，这些箴言多么切中今日教育的弊病，我们的教育多么需要回到常识，回到教育之为教育的最基本的道理。

一　教育即生长，生长就是目的，在生长之外别无目的

这个论点由卢梭提出，而后杜威作了进一步阐发。"教育即生长"言简意赅地道出了教育的本义，就是要使每个人的天性和与生俱来的能力得到健康生长，而不是把外面的东西，例如知识，灌输进一个容器。

苏格拉底早已指出，求知是每个人灵魂里固有的能力。当时的智者宣称他们能把灵魂里原本没有的知识灌输到灵魂里去，苏格拉底嘲笑道，好像他们能把视力放进瞎子的眼睛里去似的。懂得了"教育即生长"的道理，我们也就清楚了教育应该做什么事。比如说，智育是要发展好奇心和理性思考的能力，而不是灌输知识；德育是要鼓励崇高的精神追求，而不是灌输规范；美育是要培育丰富的灵魂，而不是灌输技艺。

"生长就是目的，在生长之外别无目的"，这是特别反对用狭隘的功利尺度衡量教育的。人们即使似乎承认了"教育即生长"，也一定要给生长设定一个外部的目的，比如将来适应社会、谋求职业、做出成就之类，仿佛不朝着这类目的努力，生长就没有了任何价值似的。用功利目标规范生长，结果必然是压制生长，实际上仍是否定了"教育即生长"。生长本身没有价值吗？一个天性得到健康发展的人难道不是既优秀又幸福的吗？就算用功利尺度——广阔的而非狭隘的——衡量，这样的人在社会上不是更有希望获得真正意义的成功吗？而从整个社会的状况来看，正如罗素所指出的，一个由本性优秀的男女所组成的社会，肯定会比相反的情形好得多。

二　儿童不是尚未长成的大人，儿童期有其自身的内在价值

用外部功利目的规范教育，无视生长本身的价值，一个最直接、最有害的结果就是否定儿童期的内在价值。把儿童看作"一个未来的存在"，一个尚未长成的大人，在"长大成人"之前似乎无甚价值，而教育的唯一目标是使儿童为未来的成人生活做好准备，这种错误观念由来已久，流传极广。"长大成人"的提法本身就荒唐透顶，仿佛在长大之前儿童不是人似的！蒙台梭利首先明确地批判这种观念，在确定儿童的人格价值的基础上建立了他的儿童教育理论。杜威也指出，儿童期生活有其内在的品质和意义，不可把它当作人生中一个未成熟阶段，只想让它快快地过去。

人生的各个阶段皆有其自身不可取代的价值，没有一个阶段仅仅是另一个阶段的准备。尤其是儿童期，原是身心生长最重要的阶段，也应是人生中最幸福的时光，教育所能成就的最大功德是给孩子一个幸福而有意义的童年，以此为他们幸福而有意义的一生创造良好的基础。然而，今天的普遍情形是，整个成人世界纷纷把自己渺小的功利目标强加给孩子，驱赶他们到功利战场上拼搏。我担心，在他们未来的人生中，在若干年后的社会上，童年价值被野蛮剥夺的恶果不知会以怎样可怕的方式显现出来。

三 教育的目的是让学生摆脱现实的奴役，而非适应现实

这是西塞罗的名言。今天的情形恰好相反，教育正在全力做一件事，就是以适应现实为目标塑造学生。人在社会上生活，当然有适应现实的必要，但这不该是教育的主要目的。蒙田说：学习不是为了适应外界，而是为了丰富自己。孔子也主张，学习是"为己"而非"为人"的事情。古往今来的哲人都强调，学习是为了发展个人内在的精神能力，从而在外部现实面前获得自由。当然，这只是一种内在自由，但是，正是凭借这种内在自由，这种独立人格和独立思考能力，那些优秀的灵魂和头脑对于改变人类社会的现实发生了伟大的作用。教育就应该为促进内在自由、产生优秀的灵魂和头脑创造条件。如果只是适应现实，要教育做什么！

四 最重要的教育原则是不要爱惜时间，要浪费时间

这句话出自卢梭之口，由我们今天的许多耳朵听来，简直是谬论。然而，卢梭自有他的道理。如果说教育即生长，那么，教育的使命就应该是为生长提供最好的环境。什么是最好的环境？第一是自由时间，第二是好的老师。在希腊文中，学校一词的意思就是闲暇。在希腊人看来，

学生必须有充裕的时间体验和沉思，才能自由地发展其心智能力。卢梭为其惊世骇俗之论辩护说："误用光阴比虚掷光阴损失更大，教育错了的儿童比未受教育的儿童离智慧更远。"今天许多家长和老师唯恐孩子虚度光阴，驱迫着他们做无穷的功课，不给他们留出一点儿玩耍的时间，自以为这就是尽了做家长和老师的责任。卢梭却问你：什么叫虚度？快乐不算什么吗？整日跳跑不算什么吗？如果满足天性的要求就算虚度，那就让他们虚度好了。

到了大学阶段，自由时间就更重要了。依我之见，可以没有好老师，不可没有自由时间。说到底，一切教育都是自我教育，一切学习都是自学。就精神能力的生长而言，更是如此。我赞成约翰·亨利的看法：对于受过基础教育的聪明学生来说，大学里不妨既无老师也不考试，任他们在图书馆里自由地涉猎。我要和萧伯纳一起叹息：全世界的书架上摆满了精神的美味佳肴，可是学生们却被迫去啃那些毫无营养的乏味的教科书。

五　忘记了课堂上所学的一切，剩下的才是教育

我最早在爱因斯坦的文章中看到这句话，是他未指名引用的一句俏皮话。随后我发现，它很可能脱胎于怀特海的一段论述，大意是：抛开了教科书和听课笔记，忘记了为考试背的细节，剩下的东西才有价值。

知识的细节是很容易忘记的，一旦需要它们，又是很容易在书中查到的。所以，把精力放在记住知识的细节，既吃力又无价值。假定你把课堂上所学的这些东西全忘记了，如果结果是什么也没有剩下，那就意味着你是白受了教育。

那个应该剩下的配称为教育的东西，用怀特海的话说，就是完全渗透入你的身心的原理，一种智力活动的习惯，一种充满学问和想象力的生活方式；用爱因斯坦的话说，就是独立思考和判断的总体能力。按照我的理解，通俗地说，一个人从此成了不可救药的思想者、学者，不管

今后从事什么职业，再也改不掉学习、思考、研究的习惯和爱好了，方可承认他是受过了大学教育。

六 大学应是大师云集之地，让青年在大师的熏陶下生长

教育的真谛不是传授知识，而是培育智力活动的习惯、独立思考的能力等等，这些智力上的素质显然是不可像知识那样传授的，培育的唯一途径是受具有这样素质的人——不妨笼统地称之为大师——的熏陶。大师在两个地方，一是在图书馆的书架上，另一便是在大学里，大学应该是活着的大师云集的地方。正如怀特海所说：大学存在的理由是，拥有一批充满想象力地探索知识的学者，使学生在智力发展上受其影响，在成熟的智慧和追求生命的热情之间架起桥梁，否则大学就不必存在。

林语堂有一个更形象的说法：理想大学应是一班不凡人格的吃饭所，这里碰见一位牛顿，那里碰见一位佛罗特，东屋住了一位罗素，西屋住了一位拉斯基，前院是惠定字的书房，后院是戴东原的住房。他强调："吃饭所"不是比方，这些大师除吃饭外，对学校绝无义务，学校送薪俸请他们住在校园里，使学生得以与其交游接触，受其熏陶。比如牛津、剑桥的大教授，抽着烟斗闲谈人生和学问，学生的素质就这样被烟熏了出来。

今天的大学争相标榜所谓世界一流大学，还拟订了种种硬指标。其实，事情本来很简单：最硬的指标是教师，一个大学拥有一批心灵高贵、头脑智慧的一流学者，它就是一流大学。否则，校舍再大，楼房再气派，设备再先进，全都白搭。

七 教师应该把学生看作目的而不是手段

这是罗素为正确的师生关系规定的原则。他指出，一个理想教师的必备品质是爱他的学生，而爱的可靠征兆就是具有博大的父母本能，如

同父母感觉到自己的孩子是目的一样，感觉到学生是目的。他强调：教师爱学生应该甚于爱国家和教会。针对今日的情况，我要补充一句：更应该甚于爱金钱和名利。今日一些教师恰恰是以名利为唯一目的，明目张胆地把学生当作获取名利的手段。

　　教师个人是否爱学生，取决于这个教师的品德。要使学校中多数教师把学生看作目的而不是手段，则必须建立以学生为目的的教育体制。把学生当作手段的行径之所以大量得逞，重要原因是教师权力过大，手握决定学生升级毕业之大权。所以，我赞同爱因斯坦的建议：给教师使用强制措施的权力应该尽可能少，使学生对其尊敬的唯一来源是他的人性和理智品质。与此相应，便是扩大学生尤其是研究生的权利，使其在教学大纲许可的范围内，可以自由选择老师和课程，可以改换门庭，另就高明。考核教师也应主要看其是否得到学生的爱戴，而非是否得到行政部门的青睐。像现在这样，教师有本事活动到大笔科研经费，就有多招学生的权利，就有让学生替自己打工的权力，否则就受气，甚至被剥夺带学生的权利，在这种体制下，焉有学生不沦为手段之理！

（2007 年 3 月）

向教育争自由

逝世前一个月，正值母校苏黎世工业大学成立一百周年，爱因斯坦应约为之写纪念文章。在文章中，他没有为母校捧场，反而是以亲身经历批评了学校教育体制的不合理。他回忆说，入学以后，他很快发现自己不具备做一个"好学生"所需要的一切特性，诸如专心于功课、遵守课堂纪律、认真记笔记和做作业，等等。因此，他便始终满足于做一个有中等成绩的学生，而把主要精力放在自己真正感兴趣的东西上，"以极大的热忱在家里向理论物理学的大师们学习"。

他接着回忆说，毕业以后，他感到极大幸福的是在专利局找到了一份实际工作，而不是留在学院里从事研究。"因为学院生活会把一个年轻人置于这样一种被动的地位：不得不去写大量科学论文——结果是趋于浅薄。"他在专利局一干就是七八年，业余时间埋头于自己的爱好，这正是他一生中"最富于创造性活动"的时期。

据我所知，爱因斯坦的经历绝非例外。不论在科学领域，还是在哲学、文学、艺术领域，几乎所有的天才人物在学校读书时都不是"好学生"，都有过与当时的教育制度作斗争的经历。可以毫不夸张地说，他们的成才史就是摆脱学校教育之束缚而争得自主学习的自由的历史。

爱因斯坦在晚年时异常关心教育问题，我认为可以把这看作这位伟人留给我们的最重要的精神遗嘱。他不是那种拘于某个特定领域的科学工作者，而是一个对精神事物有着广泛兴趣和深刻理解的大思想家。他十分清楚，从事任何精神创造的基本因素是什么，因而教育应该为此提供怎样的条件。在他的有关论述中，我特别注意到两个概念。一是"神圣的好奇心"，即探究未知事物的强烈兴趣，以及在这探究中所获得的喜悦和满足感。另一是"内在的自由"，即不受权力和社会偏见的限制，也不受未经审察的常规和习惯的羁绊，而能进行独立的思考。如果说前者是每个健康孩子都有的心理品质，那么，后者是要靠天赋加上努力才能获得的能力。在一切伟大的精神创造者身上，都鲜明地存在着这两种特质。这两种特质的保护或培养都有赖于外在的自由。因此，学校教育的主要使命就是提供一个自由的环境，对两者都予以鼓励，最低限度是不要去扼杀它们。遗憾的是事实恰好相反，以至于爱因斯坦感叹道："现代的教育方法竟然还没有把研究问题的神圣好奇心完全扼杀掉，真可以说是一个奇迹。"

今天，现行教育体制的弊病已经引起了社会的广泛注意。但是，完全可以预料，由于种种原因，情况的真正改变将是一个极其漫长的过程。在这个过程中，一代代的学生仍然会不同程度地身受其害。有鉴于此，我想特别对学生们说：你们手中毕竟掌握着一定的主动权，既然在这种有弊病的教育体制下依然产生出了许多杰出人物，那么，你们同样也是有可能把所受的损害减少到最低限度的。为了做到这一点，就必须像爱因斯坦那样，要善于向现行教育争自由，不要去做各门功课皆优的"好学生"，而要做一个能够按照自己的兴趣安排学习计划的"自我教育者"。在我看来，一个人在大学阶段培养起了自主学习的兴趣和能力，找到了真正吸引自己的学科方向和问题领域，他的大学教育就可以说是出色地完成了，这一收获必将使他终身受益。至于课堂知识，包括顶着素质教育的名义灌输的课本之外的知识，实在不必太认真看待。为了明白这个道理，你们不妨仔细琢磨一下爱因斯坦引用的一个调皮蛋给教育所下的定义："如果你忘记了在学校里学到的一切，那么所剩下的就是教育。"

（2001 年 6 月）

人文精神是大学一切责任的内核

杨振宁先生近日在乌鲁木齐发表谈话，断言中国大学的教育非常成功。此言一出，舆论哗然，一片反对声。有趣的是，以杨先生的巨大名望，也几乎无一人真正为他辩护，至多只是以他说的是"客气话"替他解嘲。我把这看作民意的一个可靠检测，表明国人对于教育现状的不满已经到了何等普遍和不可调和的地步。

杨先生赞美中国大学教育的理论依据是他对大学责任的看法。虽然他宣称这是全世界的共识，但我不认为全世界在如此复杂的价值观问题上能够达成共识，因此宁可视为他的个人看法。他把大学的责任归结为三项，即教育年轻人、做尖端研究和为社会服务。我想稍微做一点儿分析。

杨先生说，他先后在美国和中国为大一学生上物理课，发现中国学生比美国学生基础更扎实，学习更努力，比如三角方程式能够脱口而出。究其原因，则是中国学生在中学时代训练题目做得好。根据这个"亲身体会"，他断言："中国对学生的中学时代基础教育是成功的。"又进而断言："从教育年轻人的角度讲，中国大学的本科教育非常成功。"杨先生显然是在赞美中国的应试教育。应试教育当然有其效用，即知识的灌输量大，知识的短时记忆牢固。可是，据此怎么能证明基础教育的成功呢？应试教育所牺牲掉的那些因素，比如好奇心的保护和培养、享受智性快乐的能力、独立思考的能力、分析和解决问题的能力，本应是基础教育更重要的方面，都被杨先生忽略掉了。因此，即使把"教育年轻人"这个角度局限于智育，杨先生对智育的理解也有舍本求末之嫌。

对于一个国家或一所大学来说，其科学研究水平与基础教育水平之间有着直接的联系，基础教育的缺陷必然会在科学研究中反映出来。智育的目标定位于特定知识，还是爱因斯坦所说的内在的自由、怀特海所说的在知识面前拥有自由的能力，结果完全不同。从根本上说，西方科学之所以发达，实赖于对于人的智力品质的尊重、对于超越于功利的纯粹智力活动的热爱。在科学研究的领域，中国大学与世界大学的差距悬殊，杨先生无法否认这个有目共睹的事实，但是，由于他回避从文化传统上寻找根源，便简单地把原因归结为"中国经济发展起步较晚"了。

关于大学为社会服务这个责任，杨先生笼统地断言："中国大学对社会的贡献非常大，这一点不容置疑。"恰恰这一点遭到了最多的质疑，质疑集中在中国大学教育的不公平性上，尤其是学费猛涨导致的对于贫困阶层的歧视，这种歧视每天都在制造悲剧。我还想从另一角度提出质疑：与社会的尺度相比，教育是否还应该有一个更重要的尺度，即人性的尺度？大学诚然要为社会输送人才，问题在于输送怎样的人才。杜威有一个著名论点：教育即生长，在生长之外别无目的。这就是说，衡量教育成败的标准应是受教育者天性和能力的健康生长。事实上，倘若坚持这个标准，大学就能为社会输送本质上真正优秀的人才，无异于是为社会提供最好的服务。相反，如果用急功近利的近视眼光看待为社会服务，结果就会像今天这样，把大学办成了一个职业培训场。

其实，上面所说的道理皆是常识，杨振宁先生长期受西方文明熏陶并做出了巨大成就，不可能不懂这些道理。因此，我宁可把他对中国教育现状的赞美看作一时失言。他的失言提供了一个机会，使我们得以重新审视中国教育的现状，未必不是好事。我的感觉是，他仿佛在用另一种方式提醒我们：人文精神是大学一切责任的内核，丧失人文精神的大学是最不负责任的大学，因而不再是真正的大学。

（2005 年 8 月）

让教育回归常识，回归人性

——曹保印《千万别教坏孩子》序

近些年来，媒体报道过大大小小发生在学生身上的悲剧性事件。这些事件既是触目惊心的，又是发人深省的。然而，由触目惊心到发人深省，还必须听者有心。曹保印就是这样一个有心人。在本书中，他选择了相当数量的典型个案，从教育的角度对之进行认真分析。正如他所警告的，倘若人们仅仅把这些事件当作"新闻"看待，过眼即忘，不予重视，就难保自己的孩子有一天不会成为这类"新闻"中的主角。为了我们的孩子，是到全社会关注教育的时候了。

中国现行教育的弊端有目共睹，事实上已成为民众受害最烈、怨声最多的领域之一，引起了越来越多有识之士的忧思。根本的症结当然是在体制上，举其大者，一是教育资源分配不公和市场化名义下的高收费、乱收费，导致大量贫困家庭子女实际上被剥夺了受教育的权利；二是应试教育变本加厉；三是教育目标和过程的急功近利。在这三种因素交互作用下，滋生了种种教育腐败现象。体制问题的解决，一方面要靠民意充分表达，另一方面要靠政府痛下决心。自今年两会召开以来，我们在这两个方面都看到了一些积极的迹象。

但是，体制的改革非一日之功，我们不能坐等其完成。我们应看到，即使在现行体制下，老师和家长仍拥有相对的自由，可以为自己的学生和孩子创造一个尽可能好的小环境，把大环境对他们的危害缩小到最低限度。当然，这就要求老师和家长站得足够高，对于现行体制的弊端有清醒的认识，对于教育的理念有正确的理解。可以想象，这样的老师和家长多了，不但其学生和孩子受益，而且其本身就能成为促进体制变革的重要力量。说到底，有什么样的人民，就有什么样的制度。

事实上，发生在学生身上的悲剧，虽可追根溯源到体制的弊端，但基本上都有小环境的直接导因。比如说，现在学生自杀事件频繁，而且呈低龄化趋势，其中有一大部分学生的老师或家长难辞其咎。在本书所分析的个案中，就有多起初中学生因为不堪教师的虐待和羞辱而自杀的事例，有的学生在遗书中明言，自杀是为了以死证明他的老师没有资格做老师。因为学习成绩不好或未完成作业，家长对孩子体罚，逼死甚至打死孩子，这样的事情也时有发生。死亡事件只是冰山一角，不知还有多少孩子生活在极端非人性的小环境中，身心遭受着严重摧残，我为所有这些孩子感到悲伤和愤怒。

当然，最后仍无法回避体制的问题，因为在现行应试教育和急功近利的体制下，中国孩子的成长环境在总体上就是非人性的，普遍承受着与其年龄极不相称的功课负担和功利期待，其恶果是童年被无情地剥夺，人性遭到扭曲。本书所分析的对生命冷漠和残忍、为小事自杀或杀人、校园暴力等事例说明，相当多的孩子在人性上存在着缺陷。这些事例也只是冰山一角，今日孩子们的心理问题一定是很普遍的，在非人性的总体环境中仍能生长出健全的人性，这只能是幸运的例外。

教育的基本道理并不复杂，其主要使命就是提供一个良好的环境，使受教育者所固有的人性特质得到健康的生长，成为人性健全的人。毫无疑问，一个人唯有人性健全才可能真正幸福，也才可能真正优秀。毫无疑问，一个由这样的人组成的社会才能够是一个真正和谐和生机勃勃的社会。如同作者所说，这本来是一个常识，我们所需要做的只是听从常识的指引，实践这个常识。令人震惊的是，我们的教育在做着与常识相反的事情，这么多的家长和老师在做着与常识相反的事情，而大家似乎都停不下来，被一种莫名的力量推着继续朝前走。当此之际，我愿借本书呼吁：本书所涉及和未涉及的无数悲剧事件早已敲响警钟，应该结束这种大规模的愚昧了，让教育回归常识，回归人性，回归教育之为教育。也许，我们还来得及。

（2006 年 4 月）

教师是神圣的职业

我上学的时候，人们常引用高尔基的一句话，说教师是人类灵魂的工程师。现在很少有人提起这句话了。可是，正是现在，太有必要重提教师职业的神圣性这个话题。

从小学到大学，是人的生长的最重要时期。生长得好坏，在很大程度上取决于环境，而对于学生来说，教师实际上构成了最重要的环境。许多人，包括许多伟人，在回忆自己的成长经历时，脑中往往会凸现一个老师的形象。一个优秀的教师会影响许多人的人生道路，所以才使人终身不忘。

杜威把教师比喻为上帝的代言人、天国的引路人。教师不只是传授知识，更重要的影响是在精神上，因此他自己必须有崇高的精神境界。现在人们在讨论大学改革，依我看，大学教育的核心问题是要有一批心灵高贵、头脑活跃的学者，而体制优劣的标准就在于能否吸引这样的学者。有了这样一批学者，自然能够熏陶和培育出优秀人才。什么是好学校？很简单，就是有一批好教师的学校。

今日教师队伍的素质不容乐观。罗素说，教师爱学生应该胜于爱国家和教会。针对今日的情况，我要补充一句：更应该胜于爱金钱和名利。我的担心是，今日的学生在将来回忆自己的人生岁月时，脑中不再会出现值得感念的老师形象。

(2005 年 4 月)

教育小论

一

在任何一种教育体制下，都存在着学生资质差异的问题。合理的教育体制应该向不同资质的学生都提供相应的机会。

所谓"天才教育"的结果多半不是把一个普通资质的人培养成了天才，而是把他扭曲成了一个高不成、低不就的畸形儿。

教育不可能制造天才，却可能扼杀天才。因此，天才对教育唯一可说的话是第欧根尼的那句名言："不要挡住我的阳光。"

二

一切教育都可以归结为自我教育。学历和课堂知识均是暂时的，自我教育的能力却是一笔终身财富。经验证明，一个人最终是否成才，往往不取决于学历的高低和课堂知识的多少，而取决于是否善于自我教育。

三

天赋平常的人能否成才，在很大程度上取决于所处的具体教育环境，学校能够培养出也能够毁灭掉一个中等之才。天才却是不受某个具体教育环境限制的，因为他本质上是自己培育自己。当然，天才也可能被扼杀，但扼杀他的只能是时代或大的社会环境。

四

真实的、不可遏制的兴趣是天赋的可靠标志。

五

一个人的天赋素质是原初的、基本的东西，后天的环境和教育都是以之为基础发生作用的。对于一个天赋素质好的人来说，即使环境和教育是贫乏的，他仍能从中汲取适合于他的养料，从而结出丰硕的果实。

六

把你在课堂上和书本上学到的知识都忘记了，你还剩下什么？——这个问题是对智力素质的一个检验。

把你在社会上得到的地位、权力、财产、名声都拿走了，你还剩下什么？——这个问题是对心灵素质的一个检验。

七

我们衡量教育，不应该用狭隘的功利尺度，而应该用广阔的人性尺度和人生尺度。

人性尺度是指，教育应使每个人的天性和与生俱来的能力得到健康生长，而不是强迫儿童和青年接受外来的东西。

人生尺度是指，教育应使受教育者现在的生活就是幸福而有意义的，并以此为幸福而有意义的一生创造良好的基础。看教育是否成功，就看它是拓展了还是缩减了受教育者的人生可能性。与幸福而有意义的人生这个目标相比，获得一个好职业之类的目标显得何其可怜。

八

是到全民向教育提问的时候了。中国现行教育的弊病有目共睹，有什么理由继续忍受？可以毫不夸张地说，在今日中国，教育是最落后的领域，它剥夺孩子的童年，扼杀少年人的求知欲，阻碍青年人的独立思考，它的所作所为正是教育的反面。改变无疑是艰难的，牵涉到体制、教师、教材各个方面。但是，前提是澄清教育的理念，弄清楚一个问题：教育究竟何为？

周国平论教育

第二辑

阅读与素质教育

◎把受教育者引领到经典著作的宝库里，让他们了解、熟悉、领悟存在于其中的传统，受其浸染，加入到人类精神探索的伟大进程中去，在我看来，不可能有比这更名副其实也更有效的素质教育了。

◎千万不要追随媒体的宣传只读一些畅销书和时尚书，倘若那样，你绝对成不了真正的读者，永远只是文化市场上的消费大众而已。

留住那个心智觉醒的时刻

　　一个五岁的男孩看见指南针不停转动，最后总是指向同一个方向。他心中顿时充满惊奇：没有一只手去拨动，怎么会发生这样的事呢？从这个时刻起，他相信事物中一定藏着某种秘密，等待着他去发现。爱因斯坦之成为伟大的科学家，就是从这个时刻开始的。在所有孩子的成长过程中，都会出现这样的时刻：好奇心觉醒了，面对成年人已经习以为常的世界，他们提出了绝大部分成年人没有想到也回答不了的问题。和好奇心一起，还有想象力和理解力、荣誉感和自尊心、心灵的快乐和痛苦，总之，人类精神的一切高贵禀赋也先后觉醒了。假如每个孩子生命中的这个时刻在日后都能延续下去，成为真正的起点，人类会拥有多少托尔斯泰、爱因斯坦、海德格尔啊。当然，这是不可能的。由于心智的惰性、教育的愚昧、功利的驱迫、生活的磨难等原因，对于大多数人来说，儿童时代的这个时刻仿佛注定只是昙花一现，然后不留痕迹地消失了。但是，趁现在的孩子们正拥有着这个时刻，我们能否帮助他们尽可能多地留住它呢？

　　《诺贝尔奖获得者与儿童对话》所做的也许就是这样一件有意义的工作。不妨说，获奖者们正是一些幸运地留住了那个心智觉醒时刻的人，在那个时刻之后，他们没有停止提问和思考，终于找出了隐藏在事物中的某个或某些重大秘密。比如 1986 年物理学奖得主宾尼希，在他小时候，由于父母不让他随便打电话，他就自己想办法，用两个罐头盒和一根紧绷的长绳子制作了一部土电话机。当孩子们能够用它在相邻房间清楚地通话时，他品尝到了成功的巨大快乐。后来他因研制出可以拍摄到原子结构的光栅隧道显微镜而得奖，我相信这一成果与那部土电话机之间一定存在着某种联系。伟大的创造之路往往始于童年的某个时刻，不但科学家如此，其他领域的精神创造者很可能也是如此。1997 年文学奖得主达里奥·福是一位大剧作家，他从小就喜欢和两个弟弟一起演戏给别的孩子看，不过当时他并不把这看作戏剧，而只是当作游戏。正是根据亲身经历，对于"究竟是谁发明了戏剧"这个问题，他给出了一个意味深长的答案：是儿童发明的，没有游戏就不会有戏剧，剧作家和演员不过是把儿童的游戏当作职业干的人而已。

为什么天空是蓝的？为什么树叶是绿的？为什么我们忘记一些事情而不忘记另一些事情？为什么有男孩和女孩？为什么 1+1=2？为什么有贫穷和富裕？为什么会有战争？……这些诺奖获得者所回答的问题似乎都属于"十万个为什么"的水平，可是，请仔细想一想，不必说孩子，有多少大人能够说清楚这些貌似简单的问题？他们的讲述还表明，他们每个人的特殊贡献往往就是建立在解决某一简单问题的基础之上的，是那个简单问题的延伸和深化。关于科学家工作的性质，1986 年化学奖得主波拉尼有一个生动的说法：和小说家一样，科学家也是讲故事的人，他们用自己讲的故事来为看似杂乱的事物寻找一种联系，为原因不明的现象提供一种解释。的确，在一定意义上，一切创造活动都是针对问题讲故事，是把故事讲得令人信服的努力。譬如说，自然科学是针对自然界的问题讲故事，社会科学是针对社会的问题讲故事，文学艺术是针对人生的问题讲故事，宗教和哲学是针对终极问题讲故事。我由此想到，我们不但要鼓励孩子提问题，而且要鼓励他们针对自己提的问题讲故事，通过故事给问题一个解答。是对是错无所谓，只要是在动脑筋，就能使他们的思考力和想象力得到有效的锻炼。

请诺奖获得者与儿童对话，这是一个有趣的构想。对诺奖获得者自己来说，这是向童年的回归，不管这些大师们所发现的秘密在理论上多么复杂，现在都必须还原成儿童所能提出的原初的、看似简单的问题，仿佛要向那个儿童时代的自己做一个明白的交代。对读这本书的孩子们来说，这是很及时的鼓励，他们也许会发现，那些在成年人世界里备受敬仰的大师离他们却非常近，其实都是一些喜欢想入非非的大孩子。这本书当然未必能指导哪一个孩子在将来获得诺贝尔奖，但它可能会帮助许多孩子获得比诺贝尔奖更加宝贵的东西，那就是对提问权利的坚持、对真理的热爱和永不枯竭的求知欲，有了这些东西，他们就能够成长为拥有内在的富有和尊严的真正的人。

（2003 年 4 月）

阅读经典与素质教育

——"社科经典轻松读"系列图书总序

　　我一向认为，阅读经典是素质教育的最佳途径之一。天津人民出版社推出这套以中学生为读者对象的经典导读系列图书，引导孩子们走近社科经典，其用心正合我的想法，我欣然为之作序。

　　毋庸讳言，应试教育已经成为全社会的病痛，不但学生和家长深受其苦，而且其恶果正在众多领域显现出来。有鉴于此，现在社会各界都在急切地呼唤素质教育。然而，要真正实现素质教育，就不能只做一些表面的功夫和枝节的文章，而必须正本清源，追问何为教育，使教育回归教育之所是。从根本上来说，教育即生长，其目的是使受教育者身上那些人之为人的属性——这就是"素质"的含义——得到健康生长，使之成为人性意义上的优秀的人。所以，素质教育不是从外部向教育提出的一个要求，更不是今天才提出的一个新要求，而就是教育的本义。严格地说，只有素质教育才配称作教育。若不是着眼于素质，仅仅传授一些专业知识和职业技能，就只可叫作培训，不可妄称教育。若挂着教育之名而实际上对素质起了压制、扭曲、摧残的作用，就只能说是伪教育和反教育了。

　　人是凭借精神属性成其为人的。按照通常的划分，精神属性可分为知、情、意三个方面，亦即理性思维、情感体验、道德实践这三种精神能力。人类的这些精神能力在极其漫长的自然进化过程中形成了其生物学的基础，而后在相当漫长的文明演进过程中展现出来并得到发展。作为人类的一员，每一个个体的人通过种族的遗传即已具备这些精神能力的生物学基础，在此意义上，我们说它们是人性中固有的禀赋。然而，它们尚处于种子的状态，唯有在人类文化的环境中，种子才会发芽，潜在的禀赋才能生长为现实的能力。这里就有了教育的用武之地，教育的功能和使命正在于为生长提供良好的文化环境。

文化环境不是物理学意义上的环境，对它的理解不能局限于当下的一时一地。几千年来，人类的精神探索形成了一个伟大的传统，这个传统既包容了又超越了一切时代和民族，对于人类每一个有心提高自己精神素质的成员来说，它都是最广阔也最深刻的文化环境。那么，我们到哪里去寻找这个传统呢？我的回答是，到经典著作中去，因为经典著作正是这个传统的最重要载体。把受教育者引领到经典著作的宝库里，让他们了解、熟悉、领悟存在于其中的传统，受其浸染，加入到人类精神探索的伟大进程中去，在我看来，不可能有比这更名副其实也更有效的素质教育了。

具体地说，与精神属性的三个方面相对应，素质教育也可分为智育、美育、德育三个方面，而在这三个方面，经典著作都是极好的教材。

智育的目标是培育自由、独立的头脑。在这方面，经典作家是最好的榜样。他们首先是伟大的自由思想者，不受成见束缚，勇于开拓前人未至的新领域，敢于挑战众人皆信的旧学说。尤其在社科领域，权力、利益、习俗、舆论往往据有巨大的势力，阻挠着对真理的追求和认识，而他们能够不为所动，坚定地听从理性的指引。从他们的著作中，我们学到的不只是一些社科知识，更是追求真理的勇气、智性生活的习惯和独立思考的能力。

美育的目标是培育美丽、丰富的心灵。在这方面，文学艺术作品诚然是基本的教育资源，但人文和社科经典著作也能给我们以美好的熏陶。我们会发现，凡大思想家决不是单面人和书呆子，他们从事研究的领域不同，性格各异，但大多具有鲜明的个性和丰富的内心世界，对于人类情感每每有或博大精深或微妙细致的体验。这一点也体现在文风上，许多经典作家是表达的大师，读他们的作品，只要真正读进去了，你决不会觉得枯燥，只会感到是一次愉快的精神旅行。

德育的目标是培育善良、高贵的灵魂。在这方面，经典作家尤能给我们良多启示。人文和社会科学的研究对象是人和社会，在这个领域中，起支配作用的不只是理性思考和实证观察，更是价值定向和理想愿景。每一位思想家都心怀提升人类向更好状态发展的愿望，一切思考最终都指向最基本的价值问题：怎样的人生是好的人生？怎样的社会是好的社会？虽然价值观正是最充满争议的领域，但是，通过阅读经典，自觉地思考这些问题，有助于我们确立自己的人生坐标，做一个有道德、有信仰的人。

青少年时期是生长的旺盛期，也是一个人阅读趣味和精神品位形成的关键期，因此，若能从中学开始走近经典，阅读经典，乃至迷上经典，必将终身受益。可是，即使用严格的标准挑选，社科经典的绝对数量也是非常大的，叫一个孩子如何下手？我认为，为了解决这个困难，本系列图书是一个有益的尝试，若能确保质量，乃是一项真正造福广大青少年的事业。根据计划，该丛书将选收古今中外社科人文类的经典名著分批推出，其中每一种图书主要由两个部分组成，一是原著精彩篇章的摘录，二是专家的导读。出版社为该丛书预定的特点是：绝对经典，轻松好读。按照我的理解，"绝对经典"就是要求选目精当，不够格的绝不选入，最够格的绝不遗漏，同时应适合于中学生的接受能力。"轻松好读"则是要求选人得当，专家也必须是够格的，对于相关的著作确有研究，融会贯通，从而能够把导读做得既准确又深入浅出。这是很高的要求，愿我们共同努力。

（2009 年 3 月）

做一个真正的读者

　　读者是一个美好的身份。每个人在一生中会有各种其他的身份，例如学生、教师、作家、工程师、企业家等，但是，如果不同时也是一个读者，这个人就肯定存在着某种缺陷。一个不是读者的学生，不管他考试成绩多么优秀，本质上不是一个优秀的人才。一个不是读者的作家，我们有理由怀疑他作为作家的资格。在很大程度上，人类精神文明的成果是以书籍的形式保存的，而读书就是享用这些成果并把它们据为己有的过程。质言之，做一个读者，就是加入到人类精神文明的传统中去，做一个文明人。在某种意义上，一个民族的精神素质取决于人口中高趣味读者的比例。相反，对于不是读者的人来说，凝聚在书籍中的人类精神财富等于不存在，他们不去享用和占有这笔宝贵的财富，一个人唯有在成了读者以后才会知道，这是多么巨大的损失。历史上有许多伟大的人物，在他们众所周知的声誉背后，往往有一个人所不知的身份，便是终身读者，即一辈子爱读书的人。

　　然而，一个人并不是随便读点什么就可以称作读者的。在我看来，一个真正的读者应该具备以下特征：

　　第一，养成了读书的癖好。也就是说，读书成了生活的必需，真正感到不可缺少，几天不读书就寝食不安，自惭形秽。如果你必须强迫自己才能读几页书，你就还不能算是一个真正的读者。当然，这种情形决非刻意为之，而是自然而然的，是品尝到了阅读的快乐之后的必然结果。事实上，每个人天性中都蕴涵着好奇心和求知欲，因而都有可能依靠自己去发现和领略阅读的快乐。遗憾的是，当今功利至上的教育体制正在无情地扼杀人性中这种最宝贵的特质。在这种情形下，我只能向有识见的教师和家长反复呼吁，请你们尽最大可能保护孩子的好奇心，能保护多少是多少，能抢救一个是一个。我还要提醒那些聪明的孩子，在达到一定年龄之后，你们要善于向现行教育争自由，学会自我保护和自救。

第二，形成了自己的读书趣味。世上书籍如汪洋大海，再热衷的书迷也不可能穷尽，只能尝其一瓢，区别在于尝哪一瓢。读书是一件非常私人的事情，喜欢读什么书，不论范围是宽是窄，都应该有自己的选择，体现自己的个性和兴趣。其实，形成个人趣味与养成读书癖好是不可分的，正因为找到了和预感到了书中知己，才会锲而不舍，欲罢不能。没有自己的趣味，仅凭道听途说东瞧瞧，西翻翻，连兴趣也谈不上，遑论癖好。针对当今图书市场的现状，我要特别强调，千万不要追随媒体的宣传只读一些畅销书和时尚书，倘若那样，你绝对成不了真正的读者，永远只是文化市场上的消费大众而已。须知时尚和文明完全是两回事，一个受时尚支配的人仅仅生活在事物的表面，貌似前卫，本质上却是一个野蛮人，唯有扎根于人类精神文明土壤中的人才是真正的文明人。

第三，有较高的读书品位。一个真正的读者具备基本的判断力和鉴赏力，仿佛拥有一种内在的嗅觉，能够嗅出一本书的优劣，本能地拒斥劣书，倾心好书。这种能力部分地来自阅读的经验，但更多地源自一个人灵魂的品质。当然，灵魂的品质是可以不断提高的，读好书也是提高的途径，二者之间有一种良性循环的关系。重要的是一开始就给自己确立一个标准，每读一本书，一定要在精神上有收获，能够进一步开启你的心智。只要坚持这个标准，灵魂的品质和对书的判断力就自然会同步得到提高。一旦你的灵魂足够丰富和深刻，你就会发现，你已经上升到了一种高度，不再能容忍那些贫乏和浅薄的书了。

能否成为一个真正的读者，青少年时期是关键。经验证明，一个人在这个时期倘若没有养成读好书的习惯，以后再要培养就比较难了；倘若养成了，则必定终身受用。青少年对未来有种种美好的理想，我对你们的祝愿是，在你们的人生蓝图中千万不要遗漏了这一种理想，就是立志做一个真正的读者，一个终身读者。

（2004 年 7 月）

让百科全书走近我们的孩子

　　海南出版社历时十一年，完成了一个规模宏大的文化工程，出版二十卷《世界百科全书》国际中文版。

　　中国的百科全书出版起步很晚，如果不算古代的类书和近代的辞书，也就二十多年的历史。1978 年，我考上高考恢复后的第一届研究生，时任中国社会科学院研究生院党委书记的温济泽先生给我们做报告，列数中国社会科学的落后状况，举了一个典型的例子：两万人口的小国圣马力诺出版了几十卷的百科全书，要与我国交换，而我们只拿出了一本《新华字典》。在那以后，我们诚然出版了《中国大百科全书》，但是，我本人认为，我们在编写百科全书方面的能力还相当有限，一个明显的事实是，由于缺乏权威性、完整性、准确性和及时更新的时效性，学者中很少有人把已出的这套我们自己编写的百科全书当作可靠的工具书来使用。因此，最好的办法是先把世界上已有定评的权威性百科全书引进来。在这方面，我们仅翻译、出版了《简明不列颠百科全书》和《不列颠百科全书》，应该说仍存在着巨大空缺，全球销量最大的《世界百科全书》便是其中之一。现在，海南出版社填补了这个空缺，我认为这是中国百科全书出版史上的一件大事。

　　《世界百科全书》的独特价值是举世公认的，《不列颠百科全书》

列有专门条目进行介绍，称之为一部成功的少年百科全书。它的读者定位十分明确，主要针对中小学课程学习和课外阅读的需要而编写。我大致翻阅了一下，觉得它的确紧紧围绕着这个定位下工夫，具有以下鲜明特色。其一，在条目设计上，既顾及百科全书作为完整知识系统之本义，取材全面，涵盖各个学科的基本知识，又重点突出，着重帮助青少年了解世界，因此地理、历史、国际政治等内容占据了最多篇幅。其二，文字深入浅出，每一条目的叙述注意控制词汇量，力求让最可能查阅该条目的年龄段的读者都能读懂。其三，每个主要条目都附有相关条目一览和思考题，便于深入学习。其四，便是众口交赞的大量精美插图和地图了。当然，除了上述特殊的优点之外，这部书还具备一部优秀而成熟的百科全书的共同优点，就是准确、权威、最新，通过逐年修订，使其内容既千锤百炼，又与时俱进。我注意到，书中对"9·11"恐怖袭击、本·拉登、塔利班等都列有专门条目，并作了恰当的陈述。可以说，这套书是青少年素质教育的良师益友。

《世界百科全书》是美国家庭的常备书，自1917年问世以来，伴随了好几代美国人的成长。当今美国的许多知名人物，包括比尔·盖茨、沃伦·巴菲特、克林顿等人，都曾谈到，他们是读着这套书长大的，是通过这套书发现他们的世界的。我期待这个良师益友也能够走进中国的许多家庭，走进中国中小学的许多教室，最好是每个教室里都放一套，让老师和学生随时可以查阅。我期待有一天，我们的许多成功人士也能够说，自己是读着《百科全书》长大的，是通过《百科全书》发现自己的世界的，而不是只有狭隘的民族观念和职业技能。不过，从目前的情况看，这个可能性很小，因为在这个良师益友和我们的学生之间还隔着一个巨大的障碍，就是今天的应试教育。为了应付考试，学生们不得不做大量作业，读许多垃圾教辅书，上名目繁多的垃圾补习班，哪里还有时间来翻阅《百科全书》！买一套《百科全书》诚然要花不少钱，可是，如果我们的家长们把替孩子买各种教辅书、报各种补习班的钱省下来，其实足够买这样一套了，而这才是真正有益的教育投资。当然，为了让多数家长能够这样做，就必须改变我们今天的应试教育体制。所以，我估计，这一部好书的销售命运是与中国教育改革的命运紧密联系在一起的，在很大程度上将取决于中国能否尽早形成一个好的教育环境。

在百科全书的出版史上，出版商向来是重要的角色。最近读到一本有趣的书，书名叫"启蒙运动的生意"，是写18世纪法国启蒙运动时期《百科全书》的生产和传播过程的。其中谈到，在当年，哲学家的思想传播和出版商的商业运作之间有一种双赢的关系。此书一出，哲学家名声大振，出版商也赚了大钱。我祝愿海南出版社也有这样的好运气，既为中国孩子的素质教育作了贡献，又能够获得应有的经济效益。

（2007 年 5 月）

读书的癖好

人的癖好五花八门，读书是其中之一。但凡人有了一种癖好，也就有了看世界的一种特别眼光，甚至有了一个属于他的特别的世界。不过，和别的癖好相比，读书的癖好能够使人获得一种更为开阔的眼光、一个更加丰富多彩的世界。我们也许可以据此把人分为有读书癖的人和没有读书癖的人，这两种人生活在很不相同的世界上。

比起嗜书如命的人来，我只能勉强算作一个有一点读书癖的人。根据我的经验，人之有无读书的癖好，在少年甚至童年时便已见端倪。那是一个求知欲汹涌勃发的年龄，不必名著佳篇，随便一本稍微有趣的读物就能点燃对书籍的强烈好奇。回想起来，使我发现书籍之可爱的不过是上小学时读到的一本普通的儿童读物，那里面讲述了一个淘气孩子的种种恶作剧，逗得我不停地捧腹大笑。从此以后，我对书不再是视若不见，而是刮目相看了，我眼中有了一个书的世界，看得懂看不懂的书都会使我眼馋心痒，我相信其中一定藏着一些有趣的事情，等待我去见识。随着年龄增长，所感兴趣的书的种类当然发生了很大的变化，对书的兴趣则始终不衰。现在我觉得，一个人读什么书诚然不是一件次要的事情，但前提还是要有读书的爱好，而只要真正爱读书，就迟早会找到自己的书中知己的。

读书的癖好与所谓刻苦学习是两回事，它讲究的是趣味。所以，一个认真做功课和背教科书的学生，一个埋头从事专业研究的学者，都称不上是有读书癖的人。有读书癖的人所读之书必不限于功课和专业，毋宁说更爱读课外和专业之外的书籍，也就是所谓闲书。当然，这并不妨碍他对自己的专业发生浓厚的兴趣，做出伟大的成就。英国哲学家罗素便是一个在自己的专业上做出了伟大的成就的人，然而，正是他最热烈地提倡青年人多读"无用的书"。其实，读"有用的书"，即教科书和专业书，固然有其用途，可以获得立足于社会的职业技能，但是读"无用的书"也并非真的无用，那恰恰是一个人精神生长的领域。从中学到大学到研究生，我从来不是一个很用功的学生，上课偷读课外书乃至逃课是常事。我相信许多人在回首往事时会和我有同感：一个人的成长基本上得益于自己读书，相比之下，课堂上的收获显得微不足道。我不想号召现在的学生也逃课，但我国的教育现状确实令人担忧。中小学本是培养对读书的爱好的关键时期，而现在的中小学教育却以升学率为唯一追求目标，为此不惜将超负荷的功课加于学生，剥夺其课外阅读的时间，不知扼杀了多少孩子现在和将来对读书的爱好。

那么，一个人怎样才算养成了读书的癖好呢？我觉得倒不在于读书破万卷，一头扎进书堆，成为一个书呆子。重要的是一种感觉，即读书已经成为生活的基本需要，不读书就会感到欠缺和不安。宋朝诗人黄山谷有一句名言："三日不读书，便觉语言无味，面目可憎。"林语堂解释为：你三日不读书，别人就会觉得你语言无味，面目可憎。这当然也说得通，一个不爱读书的人往往是乏味的，因而不让人喜欢的。不过，我认为这句话主要还是说自己的感觉：你三日不读书，你就会自惭形秽，羞于对人说话，觉得没脸见人。如果你有这样的感觉，你就必定是个有读书癖的人了。

有一些爱读书的人，读到后来，有一天自己会拿起笔来写书，我也是其中之一。所以，我现在成了一个作家，也就是以写作为生的人。我承认我从写作中也获得了许多快乐，但是，这种快乐并不能代替读书的快乐。有时候我还觉得，写作侵占了我的读书的时间，使我蒙受了损失。写作毕竟是一种劳动和支出，而读书纯粹是享受和收入。我向自己发愿，今后要少写多读，人生几何，我不该亏待了自己。

(1997 年 6 月)

读永恒的书

　　人类所创造的精神财富是通过各种物质形式得以保存的，其中最重要的一种形式就是文字。因而，在我们日常的精神活动中，读书便占据着很大的比重。据说最高的境界是无文字之境，真正的高人如同村夫野民一样是不读人间之书的，这里姑且不论。一般而言，我们很难想象一个关注精神生活的人会对书籍毫无兴趣。尤其在青少年时期，心灵世界的觉醒往往会表现为一种勃发的求知欲，对书籍产生热烈的向往。"我扑在书籍上，就像饥饿的人扑在面包上一样。"高尔基回忆他的童年时所说的这句话，非常贴切地表达了读书欲初潮来临的心情。一个人在早年是否经历过这样的来潮，在一定程度上透露和预示了他的精神素质。

　　然而，古今中外，书籍不计其数，该读哪些书呢？从精神生活的角度出发，我们也许可以极粗略地把天下的书分为三大类。一是完全不可读的书，这种书只是外表像书罢了，实际上是毫无价值的印刷垃圾，不能提供任何精神的启示、艺术的欣赏或有用的知识。在今日的市场上，这种以书的面目出现的假冒伪劣产品比比皆是。二是可读可不读的书，这种书读了也许不无益处，但不读却肯定不会造成重大损失和遗憾。世上的书，大多属于此类。我把一切专业书籍也列入此类，因为它们只对有关的专业人员才可能是必读书，对于其余人却是不必读的，至多是可

　　　　　　　　　　周国平论教育

读可不读的。三是必读的书。所谓必读，是就精神生活而言，即每一个关心人类精神历程和自身生命意义的人都应该读，不读便会是一种欠缺和遗憾。

应该说，这第三类书在书籍的总量中只占极少数，但绝对量仍然非常大。它们实际上是指人类文化宝库中的那些不朽之作，即所谓经典名著。对于这些伟大作品不可按学科归类，不论它们是文学作品还是理论著作，都必定表现了人类精神的某些永恒内涵，因而具有永恒的价值。在此意义上，我称它们为永恒的书。要确定这类书的范围是一件难事，事实上不同的人就此开出的书单一定会有相当的出入。不过，只要开书单的人确有眼光，就必定会有一些最基本的好书被共同选中。例如，他们决不会遗漏掉《论语》、《史记》、《红楼梦》这样的书，柏拉图、莎士比亚、托尔斯泰这样的作家。

在我看来，真正重要的倒不在于你读了多少名著，古今中外的名著是否读全了，而在于要有一个信念，便是非最好的书不读。有了这个信念，即使你读了许多并非最好的书，你仍然会逐渐找到那些真正属于你的最好的书，并且成为它们的知音。事实上，对于每个具有独特个性和追求的人来说，他的必读书的书单决非照抄别人的，而是在他自己阅读的过程中形成的，这个书单本身也体现出了他的个性。正像罗曼·罗兰在谈到他所喜欢的音乐大师时说的："现在我有我的贝多芬了，犹如已经有了我的莫扎特一样。一个人对他所爱的历史人物都应该这样做。"

费尔巴哈说：人就是他所吃的东西。至少就精神食物而言，这句话是对的。从一个人的读物大致可以判断他的精神品级。一个在阅读和沉思中与古今哲人文豪倾心交谈的人，与一个只读明星逸闻和凶杀故事的人，他们当然有着完全不同的内心世界。我甚至要说，他们也是生活在完全不同的外部世界上，因为世界本无定相，它对于不同的人呈现不同的面貌。列车上，地铁里，我常常看见人们捧着形形色色的小报，似乎读得津津有味，心中不免为他们惋惜。天下好书之多，一辈子也读不完，岂能把生命浪费在读这种无聊的东西上。我不是故作清高，其实我自己也曾拿这类流行报刊来消遣，但结果总是后悔不已。读了一大堆之后，只觉得头脑里乱糟糟又空洞洞，没有得到任何有价值的东西。歌德做过一个试验，半年不读报纸，结果他发现，与以前天天读报相比，没有任何损失。所谓新闻，大多是过眼烟云的人闹的一点儿过眼烟云的事罢了，为之浪费只有一次的生命确实是不值得的。

（1996 年 7 月）

经典和我们

我的读书旨趣，第一是把人文经典当作主要读物，第二是用轻松的方式来阅读。

读什么书，取决于为什么读。人之所以读书，无非有三种目的。一是为了实际的用途，例如因为职业的需要而读专业书籍，因为日常生活的需要而读实用知识。二是为了消遣，用读书来消磨时光，可供选择的有各种无用而有趣的读物。三是为了获得精神上的启迪和享受，如果是出于这个目的，我觉得读人文经典是最佳选择。

人类历史上产生了那样一些著作，它们直接关注和思考人类精神生活的重大问题，因而是人文性质的，同时其影响得到了许多世代的公认，已成为全人类共同的财富，因而又是经典性质的。我们把这些著作称作人文经典。在人类精神探索的道路上，人文经典构成了一种伟大的传统，任何一个走在这条路上的人都无法忽视其存在。

认真地说，并不是随便读点什么都能算是阅读的。譬如说，我不认为背功课或者读时尚杂志是阅读。真正的阅读必须有灵魂的参与，它是一个人的灵魂在一个借文字符号构筑的精神世界里的漫游，是在这漫游途中的自我发现和自我成长，因而是一种个人化的精神行为。什么样的书最适合于这样的精神漫游呢？当然是经典，只要我们翻开它们，便会发现里面藏着一个个既独特又完整的精神世界。

一个人如果并无精神上的需要，读什么倒是无所谓的，否则就必须慎于选择。也许没有一个时代拥有像今天这样多的出版物，然而，很可能今天的人们比以往任何时候都阅读得少。在这样的时代，一个人尤其必须懂得拒绝和排除，才能够进入真正的阅读。这是我主张坚决不读二三流乃至不入流读物的理由。

图书市场上有一件怪事，别的商品基本上是按质论价，唯有图书不是。同样厚薄的书，不管里面装的是垃圾还是金子，价钱都差不多。更怪的事情是，人们宁愿把可以买回金子的钱用来买垃圾。至于把宝贵的生命耗费在垃圾上还是金子上，其间的得失就完全不是钱可以衡量的了。

古往今来，书籍无数，没有人能够单凭一己之力从中筛选出最好的作品来。幸亏我们有时间这位批评家，虽然它也未必绝对智慧和公正，但很可能是一切批评家中最智慧和最公正的一位，多么独立思考的读者也不妨听一听它的建议。所谓经典，就是时间这位批评家向我们提供的建议。

对经典也可以有不同的读法。一个学者可以把经典当作学术研究的对象，对某部经典或某位经典作家的全部著作下考证和诠释的工夫，从思想史、文化史、学科史的角度进行分析。这是学者的读法。但是，如果一部经典只有这一种读法，我就要怀疑它作为经典的资格，就像一个学者只会用这一种读法读经典，我就要断定他不具备大学者的资格一样。唯有今天仍然活着的经典才配叫作经典，它们不但属于历史，而且超越历史，仿佛有一颗不死的灵魂在其中永存。正因为如此，在阅读它们时，不同时代的个人都可能感受到一种灵魂觉醒的惊喜。在这个意义上，经典属于每一个人。

作为普通人，我们如何读经典？我的经验是，无论《论语》还是《圣经》，无论柏拉图还是康德，不妨就当作闲书来读。也就是说，阅读的心态和方式都应该是轻松的。千万不要端起做学问的架子，刻意求解。读不懂不要硬读，先读那些读得懂的、能够引起自己兴趣的著作和章节。

这里有一个浸染和熏陶的过程，所谓人文修养就是这样熏染出来的。在不实用而有趣这一点上，读经典的确很像是一种消遣。事实上，许多心智活泼的人正是把这当作最好的消遣的。能否从阅读经典中感受到精神的极大愉悦，这差不多是对心智品质的一种检验。不过，也请记住，经典虽然属于每一个人，但永远不属于大众。我的意思是说，读经典的轻松绝对不同于读大众时尚读物的那种轻松。每一个人只能作为有灵魂的个人，而不是作为无个性的大众，才能走到经典中去。如果有一天你也陶醉于阅读经典这种美妙的消遣，你就会发现，你已经距离一切大众娱乐性质的消遣多么遥远。

经典是人类精神财富的一个宝库，它就在我们身旁，其中的财富属于我们每一个人。阅读经典，就是享用这笔宝贵的财富。凡是领略过此种享受的人都一定会同意，倘若一个人活了一生一世，从未踏进这个宝库，那是遭受了多么巨大的损失啊。

(2003 年 2 月)

好读书

一

　　人生有种种享受，读书是其中之一。读书的快乐，一在求知欲的满足，二在与活在书中的灵魂的交流，三在自身精神的丰富和生长。

　　要领略读书的快乐，必须摆脱功利的考虑，有从容的心境。

　　青少年时期是养成读书爱好的关键时期，一旦养成，就终身受用，仿佛有了一个不会枯竭的快乐源泉，也有了一个不会背叛的忠实朋友。

二

　　藏书多得一辈子读不完，可是，一见好书或似乎好的书，还是忍不住要买，仿佛能够永远活下去读下去似的。

　　嗜好往往使人忘记自己终有一死。

三

　　有时候觉得，读书是天下最愉快的事，是纯粹的收入，尽管它不像写作那样能带来经济上的收益。

四

世人不计其数，知己者数人而已，书籍如汪洋大海，投机者数本而已。我们既然不为只结识总人口中一小部分而遗憾，那么也就不必为只读过全部书籍中一小部分而遗憾了。

五

金圣叹列举他最喜爱的书，到第六才子书《西厢记》止。他生得太早，没有读到《红楼梦》。我忽然想，我们都生得太早，不能读到我们身后许多世纪中必然会出现的一部又一部杰作了。接着又想，我们读到了《红楼梦》，可是有几人能像金圣叹之于《西厢记》那样品读？那么，生得晚何用，生得早何憾？不论生得早晚，一个人的精神胃口总是有限的，所能获得的精神食物也总是足够的。

六

好读书和好色有一个相似之处，就是不求甚解。

七

某生嗜书，读书时必专心致志，任何人不得打扰。一日，正读海德格尔的《存在与时间》，海德格尔叩门求访。某生毅然拒之门外，读书不辍。海德格尔怏然而归。

八

精彩极了！我激动不已。我在思想家 B 的著作中读到了思想家 A 曾经表述过的类似思想，而这种思想引起了我的强烈共鸣。

且慢，你是在为谁喝彩？为 B，还是 A，还是他们之间的相似，还是你自己的共鸣？

我怔住了，只觉得扫兴，刚才的激动消失得无影无踪。

九

学者是一种以读书为职业的人，为了保住这个职业，他们偶尔也写书。

作家是一种以写书为职业的人，为了保住这个职业，他们偶尔也读书。

十

对我们影响最大的书往往是我们年轻时读的某一本书，它的力量多半不缘于它自身，而缘于它介入我们生活的那个时机。那是一个最容易受影响的年龄，我们好歹要崇拜一个什么人，如果没有，就崇拜一本什么书。后来重读这本书，我们很可能会对它失望，并且诧异当初它何以使自己如此心醉神迷。但我们不必惭愧，事实上那是我们的精神初恋，而初恋对象不过是把我们引入精神世界的一个诱因罢了。当然，同时它也是一个征兆，我们早期着迷的书的性质大致显示了我们的精神类型，预示了我们后来精神生活的走向。

年长以后，书对我们很难再有这般震撼效果了。无论多么出色的书，我们和它都保持着一个距离。或者是我们的理性已经足够成熟，或者是我们的情感已经足够迟钝，总之我们已经过了精神初恋的年龄。

十一

书籍和电视的区别：

其一，书籍中存在着一个用文字记载的传统，阅读使人得以进入这个传统；电视以现时为中心，追求信息的当下性，看电视使人只活在当下。

其二，文字是抽象的符号，它要求阅读必须同时也是思考，否则就不能理解文字的意义；电视直接用图像影响观众，它甚至忌讳思考，因为思考会妨碍观看。

结论：书籍使人成为文明人，电视使人成为野蛮人。

读好书

一

严格地说，好读书和读好书是一回事，在读什么书上没有品位的人是谈不上好读书的。所谓品位，就是能够通过阅读而过一种心智生活，使你对世界和人生的思索始终处在活泼的状态。世上真正的好书，都应该能够发生这样的作用，而不只是向你提供信息或者消遣。

二

一个人能否真正拥有心智生活，青年时期是关键。青年时期不但是心智活跃的时期，而且也是心智定向的时期。如果你在青年时期养成了好读书和读好书的习惯，那么，这种习惯在以后的岁月里基本上改不掉了。如果那时候没有养成，以后也就基本上养不成了。

智力活跃的青年并不天然地拥有心智生活，他的活跃的智力需要得到鼓励，而正是通过读那些使他品尝到了智力快乐和心灵愉悦的好书，他被引导进入了作为一个整体的人类心智生活之中。

三

有的人生活在时间中，与古今哲人贤士相晤谈。有的人生活在空间中，与周围邻人俗士相往还。

四

攀登大自然的高峰，我们才能俯视大千，一览众山小。阅读好书的效果与此相似，伟大的灵魂引领我们登上精神的高峰，超越凡俗生活，领略人生天地的辽阔。

五

优秀的书籍组成了一个伟大宝库，它就在那里，属于一切人而又不属于任何人。你必须走进去，自己去占有适合于你的那一份宝藏，而阅读就是占有的唯一方式。对于没有养成阅读习惯的人来说，它等于不存在。人们孜孜于享用人类的物质财富，却自动放弃了享用人类精神财富的权利，竟不知道自己蒙受了多么大的损失。

六

一个人的阅读趣味大致规定了他的精神品位，而纯正的阅读趣味正是在读好书中养成的。

七

读书的档次大体上决定了写作的档次。平日读什么书，会在内听觉中形成一种韵律，实际上就是一种无意识的内在格调和趣味，写作时就不由自主地跟着走。

八

读那些永恒的书，做一个纯粹的人。

九

许多书只是外表像书罢了。不过，你不必愤慨，倘若你想到这一点：许多人也只是外表像人罢了。

十

每次搬家，都要清一批书。许多书只是在这时才得到被翻看一下的荣幸——为了决定是否要把它们扔掉。

十一

书太多了，我决定清理掉一些。有一些书，不读一下就扔似乎可惜，我决定在扔以前粗读一遍。我想，这样也许就对得起它们了。可是，属于这个范围的书也非常多，结果必然是把时间都耗在这些较差的书上，而总也不能开始读较好的书了。于是，对得起它们的代价是我始终对不起自己。

所以，正确的做法是，在所有的书中，从最好的书开始读起。一直去读那些最好的书，最后当然就没有时间去读较差的书了，不过这就对了。

在一切事情上都应该如此。世上可做可不做的事是做不完的，永远要去做那些最值得做的事。

十二

当前图书的出版量极大，有好书，但也生产出了大量垃圾，包括畅销的垃圾。对于有判断力的读者来说，这不成为问题，他们自己能鉴别优劣。受害者是那些文化素质较低的人群，把他们的阅读引导到和维持在了一个低水平上，而正是他们本来最需要通过阅读来提高其素质。

怎么读

一

许多人热心地请教读书方法，可是如何读书其实是取决于整个人生态度的。开卷有益，也可能有害。过去的天才可以成为自己天宇上的繁星，也可以成为压抑自己的偶像。正因为此，几乎一切创造欲强烈的思想家都对书籍怀着本能的警惕。

二

书籍少的时候，我们往往从一本书中读到许多东西。我们读到了书中有的东西，还读出了更多的书中没有的东西。

如今书籍愈来愈多，我们从书中读到的东西却愈来愈少。我们对书中有的东西尚且挂一漏万，更无暇读出书中没有的东西了。

三

人们总是想知道怎样读书，其实他们更应当知道的是怎样不读书。

四

读贤哲的书，走自己的路。

五

一个人是有可能被过多的文化伤害的。蒙田把这种情形称作"文殛"，即被文字之斧劈伤。

我的一位酷爱诗歌、熟记许多名篇的朋友叹道："有了歌德，有了波德莱尔，我们还写什么诗！"我与他争论：尽管有歌德，尽管有波德莱尔，却只有一个我，这个我是歌德和波德莱尔所不能代替的，所以我还是要写！

开卷有益，但也可能无益，甚至有害，就看它是激发还是压抑了自己的创造力。

六

我衡量一本书的价值的标准是：读了它之后，我自己是否也遏止不住地想写点什么，哪怕我想写的东西表面上与它似乎全然无关。

七

在才智方面，我平生最佩服两种人：一是有非凡记忆力的人，一是有出色口才的人。也许这两种才能原是一种，能言善辩是以博闻强记为前提的。我自己在这两方面相当自卑，读过的书只留下模糊的印象，谈论起自己的见解来也就只好寥寥数语，无法旁征博引。

不过，自卑之余，我有时又自我解嘲，健忘未必全无益处：可以不被读过的东西牵着鼻子走，易于发挥自己的独创性；言语简洁，不夸夸其谈，因为实在谈不出更多的东西；对事物和书籍永远保持新鲜感，不管接触多少回，总像第一次见到一样。如果我真能过目不忘，恐怕脑中不再有自己的立足之地，而太阳下也不再有新鲜的事物了。

近日读蒙田的随笔，没想到他也是记忆力差的人，并且也发现了记忆力差的这三种好处。

八

自我是一个凝聚点。不应该把自我融解在大师们的作品中，而应该把大师们的作品吸收到自我中来。对于自我来说，一切都只是养料。

九

有两种人不可读太多的书：天才和白痴。天才读太多的书，就会占去创造的工夫，甚至窒息创造的活力，这是无可弥补的损失。白痴读书愈多愈糊涂，愈发不可救药。

天才和白痴都不需要太多的知识，尽管原因不同。倒是对于处在两极之间的普通人，知识较为有用，可以弥补天赋的不足，可以发展实际的才能。所谓"貂不足，狗尾续"，而貂已足和没有貂者是用不着续狗尾的。

十

有的人有自己的独特感受，有的人却只是对别人的感受发生同感罢了。两者都是真情实感，然而是两码事。

十一

读书犹如采金。有的人是沙里淘金，读破万卷，小康而已。有的人是点石成金，随手翻翻，便成巨富。

十二

在读一位大思想家的作品时，无论谴责还是辩护都是极狭隘的立场，与所读对象太不相称。我们需要的是一种对话式的理解，其中既有共鸣，也有抗争。

认真说来，一个人受另一个人（例如一位作家、一位哲学家）的"影响"是什么意思呢？无非是一种自我发现，是自己本已存在但沉睡着的东西的被唤醒。对心灵所发生的重大影响决不可能是一种灌输，而应是一种共鸣和抗争。无论一本著作多么伟大，如果不能引起我的共鸣和抗争，它对于我实际上是不存在的。

前人的思想对于我不过是食物。让化学家们去精确地分析这些食物的化学成分吧，至于我，我只是凭着我的趣味去选择食物，品尝美味，吸收营养。我胃口很好，消化得很好，活得快乐而健康，这就够了，哪里有耐心去编制每一种食物的营养成分表！

第三辑

孩子的心智和父母的责任

◎做孩子的朋友,孩子也肯把自己当作朋友,乃是做父母的最高境界。

◎真爱孩子就应当从长计议,使孩子离得开父母,离了父母仍有能力生活得好,这乃是常识。

智慧和童心

我们可以从书本和课堂上学到知识，可是，无人能向我们传授智慧。智慧是一种整体的东西，不可能把它分解成若干定理，一条一条地讲解和掌握。不过，智慧也不是高不可攀的东西，人人都有慧根，我们所要做的只是保护和发展它，不让它枯萎罢了。

孩子往往比大人更智慧。真的，孩子都有些苏格拉底式的气质呢，他们感觉到自己处在一个新鲜的未知的世界之中，因而对一切都充满着好奇，都要问一个为什么，从来不强不知以为知。可惜的是，孩子时期的这种天然的慧心是很容易丧失的。待到长大了，有了一技之长，掌握了某一方面的知识，人就容易被成见所围并且自以为是，仿佛世界上再也没有新鲜事了。实际上，许多大人只是麻木得不再能够感受世界的新奇而已。

除了好奇心之外，智慧又是一种从整体上洞察和把握事物真相的直觉。在这方面，孩子同样比大人占据着优势。你们一定听过安徒生讲的皇帝的新衣的故事。两个骗子给皇帝做新衣，他们说，这件衣服是用最美丽的布料做的，不过只有聪明人能看见，蠢人却看不见。事实上，他们什么布料也没有用，只是假装在缝制。皇帝穿着这件所谓的新衣游行，其实他光着身子，什么也没有穿。然而，皇帝本人，前呼后拥的大臣们，围观的老百姓，因为害怕别人说自己愚蠢，都使劲地赞美这件新衣多么美丽。最后，有一个人喊了起来："可是他什么也没有穿呀！"谁喊的？正是一个孩子。所有的大人明明看见皇帝光着身子，但他们都这么想：第一，既然别人都在赞美这件新衣，就说明皇帝确实穿着一件美丽的新衣，只是我看不见罢了。第二，我看不见说明我比别人都蠢，千万不可让人知道了笑话我，我一定要跟着别人一起赞美。他们都宁肯相信多数人的意见，不愿相信自己亲眼所见的事实。孩子却不同，他没有虚荣心的顾忌，也不盲从别人的意见，一眼就看到了真相。

儿童的可贵在于单纯，因为单纯而不以无知为耻，因为单纯而又无所忌讳，这两点正是智慧的重要特征。相反，偏见和利欲是智慧的大敌。偏见使人满足于一知半解，在自满自足中过日子，看不到自己的无知。利欲使人顾虑重重，盲从社会上流行的意见，看不到事物的真相。这正是许多大人的可悲之处。

不过，一个人如果能保持住一颗童心，同时善于思考，就能避免这种可悲的结局，在成长过程中把单纯的慧心发展为成熟的智慧。由此可见，智慧与童心有着密切的联系，它实际上是一颗达于成熟因而不会轻易失去的童心。《圣经》里说："你们如果不回转，变成小孩子的样子，就一定不得进天国。"帕斯卡尔说："智慧把我们带回到童年。"孟子也说："大人先生者不失赤子之心。"说的都是这个意思。那么，我衷心祝愿你们在逐渐成熟的同时不要失去童心，从而能够以智慧的方式度过变幻莫测的人生。

（1996 年 10 月）

从小培养主动学习的兴趣和能力

——邓琳采访周国平

邓：周国平先生，你好，我是北京景山学校《通讯》的小记者。大家都知道你很有名，你是著名的学者、大思想家，因为你写了很多好的作品。尽管我没有看过你写的书，可我妈妈很喜欢看你写的书，她也给我讲过里面的故事。所以我想采访你一下，问一些关于小学生学习的问题，你同意吗？

周：好的，我很高兴，这是我生平所接受的一次最特别的采访，我相信一定非常有趣。不过，我要纠正你一下，我不是大思想家，最多是一个小思想家。你爸爸告诉我，当你听说我是个有名的人的时候，你惊奇地说，你还以为我是一个小人物呢。其实你的以为是对的，反正我不是一个大人物。当然，小人物同样可以思考，就像有些大人物并不思考一样。

邓：第一个问题是，你小时候是怎样学习的？

周：这个问题问得好，这么多记者采访过我，没有问过这么深刻的问题。你想，每一个人都是从小变大的——

邓：啊哟，这个我知道。

周：可是，许多大人忘记了这一点，忘记了自己是从小时候走过来的，忘记了小时候是成长的起点，是人生非常重要的阶段。我也和所有的大人一样，很少去想小时候的事，所以我要谢谢你提醒我去想。

邓：可是你说了半天还没有说到正题呀。

周：好吧，我就说。我上小学时学习不算特别用功。我不知道你们现在有没有学生手册一类的东西，每个学期老师要在上面写评语。

邓：有，有。

周：我们那时候也有，每个学期老师给我写的评语都有一条，就是上课爱做小动作。

邓：我上课也爱做小动作。

周：不过，我有一条优点，就是喜欢看课外书。

邓：我也喜欢看课外书。

周：那我们太相像了。上课做小动作当然是缺点，毕竟会影响听课，老师是有理由批评我们的。但是，比较起来，爱看课外书这个优点要重要得多，我后来的全部所谓成就都是从这个优点发展来的。

邓：第二个问题是，你小时候的学习对你现在的成功是有帮助，还是没有帮助？

周：我刚才说了，对我特别有帮助的是爱看课外书这一点。我从小养成了这个习惯，一直到中学、大学和从学校毕业之后都保持了下来，这样就逐渐形成了自己感兴趣的方向。我觉得，一个人有没有自己真正感兴趣的领域，这是非常重要的，因为一个人只有喜欢一件事，才会有主动性和创造性，想方设法要把它做好。如果只是跟着老师和课本走，对别的都不感兴趣，这样的人功课再好，将来也不会有大的出息。所以，从学校和老师来说，最重要的也不是讲授知识，而是培养学生对知识的兴趣。记得有人说过一句很聪明的话，意思是说：什么是教育？你把你学到的东西都忘掉了，剩下的东西就是教育。学到的具体知识，如果不经常用，是很容易忘掉的。那个忘不掉的剩下的东西是什么？我想就是一种主动学习的兴趣和能力。如果你在学生时代获得了这个东西，就会终身受益。

邓：我问第三个问题。我们现在在学习上有个困难，就是家庭作业很多，但是同学们又想看一些自己感兴趣的、能增长知识的书，这该怎么办呢？我有一个办法，就是尽快把作业完成，再看那些书。你觉得这个办法好吗？你有什么更好的办法介绍给我们吗？

周：在现有的情况下，你这个办法也许是最好的办法，可能也是唯一的办法。

邓：有什么窍门吗？

周：我觉得没有什么窍门。作业不完成，老师不答应呀。

邓：那么，有些同学作业写得慢，是不是就没有时间看课外书了？

周：是啊，所以，在这个问题上，老师和同学应该互相商量，把作业限制在确实必要的数量上，让那些作业写得慢的同学也有时间看点课外书，作业写得快的同学当然就能看更多的课外书了。我觉得，一个合理的教学方案应该使绝大多数学生都能够不太吃力地完成功课，尽可能给他们留出自由支配的时间，那正是他们发展个性的天地。

邓：第四个问题是，我们学习的时代和你小时候不一样，你那时候没有电视和电脑，现在有了这些东西，有的同学就会着迷于看电视、玩电脑，而影响了学习。你认为应该怎么解决这个问题呢？

周：这可是一个难题。我们小时候当然没有这些东西啦，不过，那时候有别的让我们着迷的东西。不管时代怎样不同，是孩子都爱玩，玩起来不加节制都会影响学习，所以都有一个培养意志力的问题。还有一个问题就是玩什么，怎么玩。我主张一种主动的玩，就是把玩和学习结合起来，在玩的同时刺激了求知欲，启迪了智慧。在多数情况下，看电视、玩电脑游戏是一个被动的过程，往往消磨了大量时间，所获却极小。所以，如果我是家长，我一定会在这方面对自己的孩子进行限制。

邓：为什么我爸爸不爱看电视？

周：我和你爸爸一样，也不爱看电视。

邓：那为什么我妈妈就爱看电视呢？

周：这个问题你应该问你妈妈呀。我有一个印象，一般来说，好像妈妈们比爸爸们爱看电视。

邓：最后，我想请你给我们提一些希望和建议，好吗？

周：第一希望你们身体健康。

邓：现在是谈学习，不是谈身体。

周：没有好的身体，你能好好学习吗？

邓：不能。

周：你看你爸爸现在天天打网球，把身体练得这样结实，工作效率就比以前高多了。你们也一样，有了好的身体，才能持久地有效地学习。第二呢，希望你们心情愉快，多到大自然中去，永远对阳光下的广阔世界充满好奇心，不要总是关在屋子里做作业、看电视。第三就是我说过的要多读课外的好书，培养主动学习的兴趣和能力。

邓：谢谢，我代表我们学校的学生向你表示感谢，因为你很忙，还抽出宝贵的时间来接受我的采访。

周：我也谢谢你来采访我，请你替我转达对你的同学和老师的问候。

（2001 年 4 月）

何必名校

现在的家长都非常在乎把自己的孩子送进名校，往往为此煞费苦心，破费万金。人们普遍相信，只要从幼儿园开始，到小学、中学、大学，一路都上名牌，孩子就一定前程辉煌，否则便不免前途黯淡。据我的经验，事情决非这样绝对。我高中读上海中学，大学读北京大学，当然都是名校，但是，小学和初中就全然不沾名校的边了。我读的紫金小学在上海老城区一条狭小的石子路上，入读时还是私营的，快毕业时才转为公立。初中读的是上海市成都中学，因位于成都北路上而得名。

记得在被成都中学录取后，我带我小学里最要好的同班同学黄万春去探究竟。因为尚未开学，校门关着，我们只能隔着竹篱笆墙朝里窥看，能隐约看见操场和校舍一角。看了一会儿，我俩相视叹道：真大啊！比起鸽笼般的紫金小学，当然大多了。当时黄万春家已决定迁居香港，所以他没有在上海报考初中。他用羡慕的眼光望着我，使我心中顿时充满自豪。我压根儿没有去想，这所学校实在是上海千百所中学里的一所普通得不能再普通的学校。

我入初中时刚满十一岁，还在贪玩的年龄。那时候，我家才从老城区搬到人民广场西南角的一个大院子里。院子很大，除了几栋二层小洋楼外，还盖了许多茅屋。人民广场的前身是赛马场，那几栋小洋楼是赛马场老板的财产。解放后，这位老板的财产被剥夺，现在寄居在其中一栋楼里，而我家则成了他的新邻居。那些茅屋是真正的贫民窟，居住的人家大抵是上海人所说的江北佬，从江苏北部流落到上海的。不过，也有一些江北佬住进了楼房。院子里孩子很多，根据住楼房还是住茅房分成了两拨，在住楼房的孩子眼里，住茅房的孩子是野孩子。好玩的是，在我入住后不久，我便成了住楼房的孩子的头儿。

我这一生没有当过官，也不想当官，然而，在那个顽童时代，我似乎显示了一种组织的能力。我把孩子们集中起来，宣布建立了一个组织，名称很没有想象力，叫红星组，后来大跃进开始，又赶时髦改为跃进组。组内设常务委员会，我和另五个年龄与我相仿的大孩子为其成员，其中有二人是江北佬的孩子，我当仁不让地做了主任。我这个主任当得很认真，经常在我家召开会议，每一次会议都有议题并且写纪要。我们所讨论的问题当然是怎么玩，怎么玩得更好。玩需要经费，我想出了一个法子。有一个摆摊的老头，出售孩子们感兴趣的各种小玩意儿，其中有一种名叫天牛的昆虫。于是，我发动我的部下到树林里捕捉天牛，以半价卖给这个老头。就用这样筹集的钱，我们买了象棋之类的玩具，有了一点儿集体财产。我还买了纸张材料，做了一批纸质的军官帽和肩章领章，把我的队伍装备起来。我们常常全副行头地在屋边的空地上游戏，派几个戴纸橄榄帽的拖鼻涕的兵站岗，好不威风。这种情形引起了那些野孩子的嫉妒，有一天，我们发现，他们排着队，喊着"打倒和尚道士"的口号，在我们的游戏地点附近游行。我方骨干中有两兄弟，和尚道士是他俩的绰号。冲突是避免不了的了，一次他们游行时，我们捉住了一个落伍者，从他身上搜出一张手写的证件，写着"取缔和尚道士协会"的字样。形势紧张了一些天，我不喜欢这种敌对的局面，便出面和他们谈判，提议互不侵犯，很容易就达成了和解。

我家住在那个大院子里的时间并不长。上初三时，人民广场扩建和整修，那个大院子被拆掉了，我们只得又搬家。现在回想起来，那两年半是我少年时代玩得最快活的日子。那时候，人民广场一带还很有野趣，到处杂草丛生。在我家对面，横穿广场，是人民公园。我们这些孩子完全不必买门票，因为我们知道公园围墙的什么位置有一个洞，可以让我们的身体自由地穿越。夏天的夜晚，我常常和伙伴们进到公园里，小心拨开草丛，用手电筒的灯光镇住蟋蟀，然后满载而归。在那个年代，即使像上海这样大城市里的孩子也能够玩乡下孩子的游戏，比如斗蟋蟀和养蚕。我也是养蚕的爱好者，每年季节一到，小摊上便有幼蚕供应，我就买一些养在纸盒里。侍弄蚕宝宝，给它们换新鲜的桑叶，看着它们一点点长大，身体逐渐透亮，用稻草搭一座小山，看它们爬上去吐丝作茧，在这过程中，真是每天都有惊喜，其乐无穷。

我想说的是，一个上初中的孩子，他的职责绝对不是专门做功课，玩理应是他的重要的生活内容。倘若现在我回忆我的初中时光，只能记起我如何用功学习，从来不曾快活地玩过，我该觉得自己有一个多么不幸的少年时代。当然，同时我也是爱读书的，在别的文章中我已经吹嘘过自己在这方面的事迹了，例如拿到小学升初中的准考证后，我立即奔上海图书馆而去，因为这个证件是允许进那里的最低资格证件，又例如在家搬到离学校较远的地方后，我宁愿步行上学，省下车费来买书。孩子的天性一是爱玩，二是富有好奇心和求知欲，我庆幸我这两种天性在初中时代都没有受到压制。让我斗胆说一句狂话：一个孩子如果他的素质足够好，那么，只要你不去压制他的天性，不管他上不上名校，他将来都一定会有出息的。现在我自己有了孩子，在她到了上学的年龄以后，我想我不会太看重她能否进入名校，我要努力做到的是，不管她上怎样的学校，务必让她有一个幸福自由的童年和少年时代，保护她的天性不被今日的教育体制损害。

（2002 年 10 月）

书中的育儿世界

　　女儿啾啾今年九岁，上小学四年级。从幼儿园开始，她就喜欢看书。我们从来没有特意教导她，督促她，她对书的喜爱，完全是自然而然产生的。

　　从两岁开始，每天晚上，她妈妈给她念一段童话故事，这成了她入睡前的必有节目。她非常爱听，如果哪天妈妈忘了，她必提醒，一天也不可缺。她就这样听完了《艾丽斯漫游奇境记》、《安徒生童话》、《格林童话》等许多经典童话故事，有的听了好几遍。有一回，她盯着妈妈正在念的书，问："妈妈，书上都是字，故事在哪里呀？"妈妈没法跟她解释清楚，只好说："宝贝以后认字多了，就知道了。"

　　其实，那时候，她已经能认一些字了。认字的过程也非常自然，玩看图识字的卡片，看碟时跟着声音看字幕，上街时问招牌上的字，诸如此类，当然认的字还不多，零星得很。

　　忽然有一天，我看见她自己捧着一本书，一边用手指着书上的字，一边大声朗读。一串又一串我听不懂的句子，可是，她念得非常投入，念了很久。自此以后，我发现她常常这样自得其乐地念书，所念的书则逐渐有了目标，往往是妈妈前一天晚上给她念的那一本，她找到才念过的地方，连猜带蒙，把书上的故事复诵一遍。

　　　　　　　　　　　　　　　周国平论教育

终于，有一天晚上，妈妈又要给她念书，她说："妈妈，你不要给我念了，你念了我再读就没有意思了。"原来，通过这样的过程，她认的字越来越多，基本上能够自己阅读了。这时候，她不到四岁。她随手翻到《骑鹅旅行记》的一页，念出上面的一条标题——"斯莫兰的传说"。妈妈惊叹："你真行啊！"她感到奇怪，说："这里不是写着吗？"那个曾经有的困惑——"书上都是字，故事在哪里"——已经自行消解。

通过女儿自己学会阅读的事例，我真切地看到，孩子天生有强烈的好奇心，有潜在的认知能力，只要给他们一个良好的环境，他们的天赋能力就会健康生长，结出果实。培养孩子的阅读能力和习惯，最重要的是保护和鼓励他们对书籍的兴趣，使他们感到阅读本身是一件无比快乐的事。最糟糕的做法是强迫他们学习，其结果只会适得其反，甚至使他们对读书永远心怀惧怕和敌意。

啾啾三岁时，好友于奇主持台湾作家幾米的绘本大陆版的出版事务，送给我一套。刚拿到手，我就翻开其中一本，与啾啾同看。她指着一个变形的人物形象说："这个什么也不像的东西真好玩。"一语道破了艺术的真谛。接下来的那些天里，她成了最热情的幾米迷，整天坐在地毯上，摇头晃脑，高声朗读幾米的妙语。有一天早晨，她吃煎蛋，像往常一样不吃脆边，我劝她吃，说那个最好吃。她向我一字一顿大声宣布："不一样的脑袋有不一样的想法，不一样的眼睛有不一样的看法，不一样的嘴巴有不一样的说法。"我笑了，问她从哪儿学来的，她说是幾米的书里的。她可真会活学活用。幾米知道了自己在大陆有这么一个小"粉丝"，不久后，托于奇转送给她一本亲笔签名的新作。

我和妻子都喜欢读书，我们各人捧着一本书读，是啾啾天天看到的情景。我相信，这种氛围发生的潜移默化作用是最有效的。家里到处是书，她经常从书柜里抽出一本书来，随意地翻看。有一回，她抽出一本卡夫卡的短篇小说集《变形记》，看见封面上有叶廷芳的名字。叶廷芳也是我们的好友，她感到好奇，问："是叶爷爷写的？"我解释，是叶爷爷翻译的。她又问："整本书都是《变形记》？"我告诉她，《变形记》是其中的一篇。她表示想看一看，根据目录翻到了那一页，看了开头，立刻笑着说："一开头就变成甲虫了。"

童年不但是养成读书爱好的关键时期，也是形成读书品位的重要时期。我一向认为，读书的起点一开始就要高，应该为孩子提供适合其年龄的优质的书。啾啾五岁时，我订购了一套河北教育出版社出版的"世界名著之旅"丛书，放在她的书柜里，想看看她有什么反应。这套书共二十来册，都是根据名著缩写的，我翻了一下，觉得缩写得不错。我发现，她很快就对这套书发生了兴趣，在很短时间里读完了三本：《鲁滨孙漂流记》、《苦儿流浪记》、《八十天环游地球》。最早读的是《鲁滨孙漂流记》，但在三本中最晚读完，她说她害怕，终于读完以后，在笔记本上写了一句感想："很激动人心的故事，尤其是在无人岛上的时候。"我从不催她，她在一年多的时间里基本读完了这套书，最喜欢《堂吉诃德》，经常对我们说起里面的情节。在这之后，她最喜欢的书是卡尔维诺编的《意大利童话》，厚厚两大册，一千多页，反复读了好几遍，到了几乎能背诵的地步。她欣赏那种民间风格的幽默，随便你翻到哪一页，她立刻就能活灵活现地给你讲述相关的那个故事。

啾啾看书是非常专注的。经常的情况是，我自己在忙，突然想起很长时间没有听到她的声音了，到她的房间看，只见她坐在窗边，捧着一本书在读，我跟她说话，她一脸茫然，可见她的心还沉浸在书里。这情景真令人感动。有一回，她妈妈表示想看《战争与和平》，她从书柜里替妈妈找了出来。过了几天，她发现妈妈在看别的书，就问："你为什么不看《战争与和平》了？"妈妈说："我翻了一下，觉得别的书更好看，就看别的书了。"她说："你没有看进去。"真是一针见血啊。

有一本书，她从四岁到现在一直喜欢，就是《窗边的小豆豆》，也是百读不厌。一开始是妈妈读给她听，她听完后宣布："以后我也要写自己的事。"因为那本书有后记，她又加上一句："当然也要写后记的喽。"我借此机会叮嘱我的宝贝：说话要算数呀，爸爸就等着你兑现诺言啦。

在同龄的孩子里，啾啾肯定不算读书最多最用功的。我的有些朋友的孩子，年纪很小就读成人读的大厚本，能背诵许多古文。和他们比，啾啾仍显得孩子气。不过，我觉得这样挺好。在孩子智育的问题上，我有一颗平常心，不给她施加任何压力。我给她的只是一个布满书籍的环境，一种以读书为乐的氛围，如此足矣，其余皆顺其自然。智力的生长有自己的季节，何必揠苗助长呢。

（2007 年 12 月）

孩子的创造力

——答《父母》杂志问

问：您觉得您的创造力从哪里来？人怎样才能有非凡的创造力？您怎样培养自己的孩子的创造力？

答：创造力并不神秘，在我看来，它无非是在强烈的兴趣推动下的持久的努力。其中最重要的因素，第一是兴趣，第二是良好的工作习惯。通俗地说，就是第一要有自己真正喜欢做的事，第二能够全神贯注又持之以恒地把它做好。在这过程中，人的各种智力品质，包括好奇心、思维能力、想象力、直觉、灵感等等，都会被调动起来，为创造作出贡献。

我的工作是写作。我一直认为，我的写作是从写日记开始的。上小学时，我就自发地写起了日记，热衷于把每日的经历、心情、感受记录下来。如果说我有一点儿所谓的写作能力，则完全是得益于这个保持到今的习惯。

现在的应试教育是创造力的大敌。因此，对我正在上小学的女儿，我着力于保护她尽量少受现行教育体制的危害，不让她上任何补习班、强化班，启发她轻分数而重理解，鼓励她读感兴趣的课外书。总之，如果说我对她有所培养，放在第一位的是超越应试的健康心态和快乐学习的能力，而不是知识本身，尤其不是分数。也许正因为如此，她反倒始终轻松地保持着全班优秀生的地位。

(2007 年 7 月)

孩子的独立精神

看到欧美儿童身上的那一股小大人气概，每每忍俊不禁，觉得非常可爱。相比之下，中国的孩子太缺乏这种独立自主的精神，不论大小事都依赖父母，不肯自己动脑动手，不敢自己做主。当然，并非中国孩子的天性如此，这完全是后天教育的结果。所以，在这方面首先应该做出改变的是中国的父母们。如果我有孩子，我最乐于扮演的角色将是做孩子的朋友。在我看来，做孩子的朋友，孩子也肯把自己当作朋友，乃是做父母的最高境界。溺爱是动物性的爱，那是最容易的，难的是使亲子之爱获得一种精神性的品格。所谓做孩子的朋友，就是不把孩子当作宠物或工具，而是视为一个正在成形的独立的人格，不但爱他疼他，而且给予信任和尊重。凡属孩子自己的事情，既不越俎代庖，也不横加干涉，而是怀着爱心加以关注，以平等的态度进行商量。父母与孩子之间要有朋友式的讨论和交流的氛围。正是在这种氛围里，孩子便能够逐渐养成基于爱和自信的独立精神，从而健康地成长。

（1997 年 8 月）

拯救童年

我是怀着强烈期待的心情翻开尼尔·波兹曼的《童年的消逝》一书的，原因有二：一是此前读过这位作者的另一著作《娱乐至死》并深感共鸣，二是该书的主题正是我长期关注和忧虑的问题。读后的感觉是未失所望，但又意犹未尽。

该书的立论与《娱乐至死》一脉相承，也是电视对于文化的负面作用，而"童年的消逝"基本上被视为此种负面作用的一个特例。作者是在社会学而非生物学意义上定义童年概念的，他认为，这个意义上的童年概念乃是印刷术的产物。在此之前，尤其在漫长的中世纪，童年与成年的界限是模糊不清的。由于儿童死亡率居高不下，人们包括一般父母在儿童身上不愿投入感情，所以尚未形成同情儿童的心理机制。甚至像柏拉图这样的哲学家竟也断言：对儿童只能"用恐吓和棍棒，像对付弯曲的树木一样"。同时，由于主要依靠口头方式传播信息，儿童很早就从成人百无禁忌的谈话中知道了成年的各种秘密，包括性秘密，不能培育起羞耻心。总之，在社会的普遍意识中，童年不被看作一个需要给予特殊关心的人生阶段，真正的儿童教育并不存在。儿童之被当作成人对待，从英国法律中可见一斑，直到 1780 年，二百多项死罪对儿童一视同仁，有一个七岁女孩只因为偷了一条衬裙就被处以绞刑。

如果说医学的发展改变了人们对儿童生命和心灵的麻木态度，那么，印刷术的发明则在人类历史上第一次创造了童年的概念。按照作者的解说，这主要是指，由于信息传播方式由口头转变为文字，社会便获得了一个区分童年和成年的明确标准，就是是否具备阅读能力。童年是从学习识字和阅读开始的，儿童必须接受教育才能应付成人的符号世界，成年变成一个需要经过努力才能达到的目标，为此欧洲建立了现代学校。作为一个重要结果，文字的屏障可使儿童避免接触于他们不宜的信息，保护他们的羞耻心。作者始终强调，羞耻心是童年存在的前提。这是有道理的，因为儿童的天真在相当程度上依赖于羞耻心。

　　然而，信息传播技术的新革命再一次彻底改变了儿童生活的场景，在作者看来，不啻是消灭了由印刷术所建立的儿童的概念。这就是电视的发明。自上世纪50年代以来，电视在美国的家庭里扎根，接着普及于全世界，成为当代文化的主宰。作者对于电视文化的批判是强有力的。他引美国作家芒福德的话说：钟表消灭了永恒，印刷机使之恢复。依靠印刷的书籍，个人得以摆脱一时一地的控制，扩展了思想自由的疆域。可是，电视似乎又重新消灭了永恒。电视在本质上是娱乐，它旨在制造观众瞬时的兴奋。看电视就好像参加一个聚会，满座是你不认识的人，不断被介绍给你，而你在兴奋之后，完全记不住这些人是谁和说了什么。电视破坏了童年和成年之间界限的历史根基，在电视机前面，童年消逝与成年消逝并行。一方面，看电视不需要也不开发任何技能，它把成人变成了功能性文盲、儿童化的成人。正如英国哲学家怀特海早就指出的："文化是思想活动，支离破碎的信息与文化毫不相干。"另一方面，它又把儿童变成了成人化的儿童。孩子们从电视图像上获得五花八门的信息，仿佛无所不知，尚未提问就被给予了一大堆答案，好奇的张力减弱，好奇被自以为是取代。他们还通过电视知道了成人的一切秘密，导致羞耻心消失。作者断言，如今孩子普遍早熟，青春期提前，电视——现在还应该加上网络——对此脱不了干系。当儿童能够任意接触成人的知识禁果时，他们就确实被逐出童年乐园了。令无数家长忧虑的事实是，家长对孩子的信息环境完全失去了控制。玛格丽特·米德把电视称作"第二家长"，我们或许可以把网络称作"第三家长"，而且，这些后来居上的"家长"威力多么巨大，使得许多"第一家长"成了徒有其名的傀儡。

童年消逝的一个重要表征是传统儿童游戏的消失。英国两位历史学家鉴定了几百种传统儿童游戏，其中没有一种是现在的美国儿童仍经常玩的。我们这里的情况并不稍微好一些，不必说上了年纪的人，即使是三四十岁的中年人，记忆中的童年游戏在今日的孩子中间也已难觅踪影。今日的孩子当然也玩，区别于传统游戏，有两个鲜明特征。其一是抽象性，突出表现在电脑游戏上，沉湎在虚拟世界里，昏天黑地，不知阳光下还有一个真实的世界。在玩电脑游戏时，人自身也化为抽象的存在，肉体和灵魂皆消失，变成了受电脑程序控制的一个部件。相反，传统游戏总是具体的，环境具体，多半在户外，与自然亲近，人也具体，手脑并用，身心皆投入。其二，传统游戏具有自发性，没有成人的干预，孩子们自然地玩到了一起，自由自在，充满童趣。相反，现在的儿童游戏变得日益职业化了，作者举出美国的例子，组织各种比赛，往往有家长督促和参与，让孩子们经受培训、竞争、媒体宣传的辛苦。在我们这里，则是给孩子报各种班，学各种技能，同样也要参加各种比赛，加上繁重的作业，占据了全部课外时间。可是，当孩子们毫不自由地从事着这些活动时，他们还是在玩吗？当然不是了，他们其实是被绑架进了成人世界的竞争之中。

最后，我说一说为何对这本书感到意犹未尽的理由。作者的基本论点是，电视文化取代印刷文化，这是导致童年消逝的根源。中国当今的现实却是，不但电视文化，而且印刷文化，二者共同导致了孩子们童年的消逝，因而消逝得更为彻底。其实，作者自己曾谈到，在印刷文化的范畴内，也有两种不同的童年概念。洛克派认为：儿童是未成形的人，教育就是通过识字和理性能力的培养使之成形，变成文明的成人。卢梭派则认为：儿童拥有与生俱来的自发能力，教育就是生长，以文字为主导的现行教育却压抑了生长，结果使儿童变成了畸形的成人。不用多说，人们就会感到，卢梭的批评是多么切合今日中国的现状。因此，为了拯救中国孩子的童年，我们不但要警惕电视文化的危害，更要克服印刷文化的弊病，其极端表现就是我们今天的急功近利的应试教育。

（2005 年 4 月）

发现的时代

在人的一生中，中学时代是重要的，其重要性往往被估计得不够。这倒也在情理中，因为当局者太懵懂，过来人又太健忘。一个人由童年进入少年，身体和心灵都发生着急剧的变化，造化便借机向他透露了自己的若干秘密。正是在上中学那个年龄，人生中某些本质的东西开始显现在一个人的精神视野之中了。所以，我把中学时代称作人生中一个发现的时代。发现了什么？因为求知欲的觉醒，发现了一个书的世界。因为性的觉醒，发现了一个异性世界。因为自我意识的觉醒，发现了自我，也发现了死亡。总之，所发现的是人生画面上最重要的几笔，质言之，可以说就是发现了人生。千万不要看轻中学生，哪怕他好似无忧无虑，愣头愣脑，在他的内部却发生着多么巨大又多么细致的事件。

一　书的发现

我这一辈子可以算是一个读书人，也就是说，读书成了我的终身职业。我不敢说这样的活法是最好的，因为人在世上毕竟有许多活法，在别的活法的人看来，啃一辈子书本的生活也许很可怜。不过，我相信，一个人不管从事什么职业，如果不读书，他的眼界和心界就不免狭窄。

回想起来，最早使我对书发生兴趣的只是一本普通的儿童读物。那还是在上小学的时候，班里的同学们把自己的书捐出来，凑成了一个小小的书库。我从这个小书库里借了一本书，书名是"铁木儿的故事"，讲一个顽皮男孩的种种恶作剧。这本书让我笑破了肚皮，以至于我再也舍不得与这个可爱的男孩分手了，还书之后仍然念念不忘，终于找一个机会把书偷归了己有。

后来我没有再偷过书。但是，从此以后，我对书不再是视若不见，而是刮目相看了，我眼中有了一个书的世界，看得懂看不懂的书都会使我眼馋心痒，我相信其中一定藏着一些有趣的东西，等待我去把它们找出来。

当时我家住在离上海图书馆不远的地方，我常常经过那里，但小学生是没有资格进去的，我只能心向往之。小学毕业，拿到了考初中的准考证，凭这个证件就可以到馆内的阅览室看书了，为此我感到非常自豪。记得我借的第一本书是雨果的《悲惨世界》，管理员怀疑地望着我，不相信十一岁的孩子能读懂。我的确读不懂，翻了几页，乖乖地还掉了。这一经验给我的打击是严重的，使得我很久不敢再去碰外国名著，直到进了大学才与世界级大师们接上头。

不过，对书的爱好有增无减，并且很早就有了买书的癖好。读初中时，从我家到学校乘车有五站地，由于家境贫寒，父亲每天只给我四分钱的单程车费。我连这钱也舍不得花，总是徒步往返，攒下来去买途中一家旧书店里我看中的某一本书。钱当然攒得极慢，我不得不天天去看那本书是否还在，直到攒够了钱把它买下才松了一口气。读高中时，我住校，从家里到学校要乘郊区车，单程票价五角，于是我每周可以得到一元钱的车费。这使我在买书时有了财大气粗之感，为此每个周末无比愉快地跋涉在十几公里的郊区公路上。

在整个中学时代，我爱书，但并不知道该读什么书。初中时，上海市共青团在中学生中举办"红旗奖章读书运动"，我年年都是获奖者。学校团委因此让我写体会，登在黑板报上。我写了我的读书经历，叙述我的兴趣如何由童话和民间故事转向侦探小说，又如何转向《苦菜花》、《青春之歌》等中国当代长篇小说。现在想来觉得好笑，那算什么读书经历呢。进入高中后，我仍然不曾读过任何真正重要的书，基本上是在粗浅的知识性读物中摸索。在盲目而又强烈的求知欲驱使下，有一阵我竟然认真地读起了词典，边读边把我觉得有用的词条抄在笔记簿上。我在中学时代的读书收获肯定不在于某一本书对于我的具体影响，而在于养成了读书的习惯。从那时开始，我已经把功课看得很次要，而把更多的时间用来读课外书。这部分地要归功于我读高中的上海中学，那是一所学习气氛颇浓的学校，阅览室的墙上贴着高尔基的一句语录："我扑在书本上，就像饥饿的人扑在面包上一样。"这句话对于当时的我独具魔力，非常贴切地表达了一个饥不择食的少年人的心情和状态。我也十分感谢那时候的《中国青年报》，它常常刊登一些伟人的励志名言，向我的旺盛的求知欲里注进了一股坚忍的毅力。

在中学时，我的功课在班里始终是名列前茅的，但不是那种受宠的学生。初中二年级，只是因为大多数同学到了年龄，退出了少先队，而我的年龄偏小，才当上了一回中队长。这是我此生官运的顶峰。高中一直是班上的数学课代表，仅此而已。说到数学课代表，还有一段"轶事"。因为我的数学成绩好，高中临毕业，当全班只有我一人宣布报考文科时，便在素有重理轻文传统的上海中学爆出了一个冷门，引得人们议论纷纷。当时我悄悄赋诗曰："师生纷纭怪投文，抱负不欲众人闻。"其实我哪里有什么明确的"抱负"，只是读的书杂了，就不甘心只向理工科的某一个门类发展了，总觉得还有更加广阔的知识天地在等着我去驰骋。最后我选择了哲学这门众学之学，起作用的正是这样一种不愿受某个专业限制的自由欲求。

二 性的发现

上课时，坐在第一排的那个小男生不停地回头，去看后几排的一个大女生。大女生有一张白皙丰满的脸蛋，穿一件绿花衣服。小男生觉得她楚楚动人，一开始是不自觉地要回头去看，后来却有些故意了，甚至想要让她知道自己的"情意"。她真的知道了，每接触小男生的目光，白皙的脸蛋上便会泛起红晕。这时候，小男生心中就涌起一种甜蜜的欢喜。

那个小男生就是我。那是读初中的时候，我不知不觉地开始注意起了班上的女生。我在班上年龄最小，长得又瘦弱，现在想来，班上那些大女生们都不会把我这个小不点儿放在眼里。可是，殊不知小不点儿已经情窦初开心怀鬼胎了。我甚至相信自己已经爱上了那个穿绿花衣服的女生。然而，一下了课，我却始终没有勇气去接近这个上课时我敢于对之频送秋波的人。有一次下厂劳动，我们分在同一个车间，我使劲跟别的同学唇枪舌剑，想用我的机智吸引她的注意，但就是不敢直接与她搭话。班上一个男生是她的邻居，平时敢随意与她说话，这使我对这个比我年长的男生既佩服又嫉妒。后来，在一次家长会上，我看见了绿衣女生的母亲，那是一个男人模样的老丑女人。这个发现使我有了幻想破灭之感，我对绿衣女生的暗恋一下子冷却了。

当时我并不知道，我对女孩子的白日梦式的恋慕只是一种前兆，是预告身体里的风暴即将来临的一片美丽的霞光。男孩子的性觉醒是一个充满痛苦的过程。面对汹涌而至锐不可当的欲望之潮，男孩子是多么孤独无助。大约从十三岁开始，艰苦而漫长的搏斗在我的身上拉开了序幕，带给我的是无数个失眠之夜。没有人告诉我发生了什么，应该怎么办。我到书店里偷偷地翻看生理卫生常识一类的书，每一次离开时都带回了更深的懊悔和自责。我的亲身经验告诉我，处在讨人嫌的年龄上的男孩子其实是多么需要亲切的帮助和指导。

我是带着秘密的苦闷进入高中的，这种苦闷使我的性格变得内向而敏感。在整个高中时期，我像苦行僧一样鞭策自己刻苦学习，而对女孩子仿佛完全不去注意了。班上一些男生和女生喜欢互相打闹，我见了便十分反感。有一回，他们又在玩闹，一个女生在黑板上写了一串我的名字，然后走到座位旁拍我的脑袋，我竟然立即板起了脸。事实上，我心里一直比较喜欢这个机灵的女生，而她的举动其实也是对我友好的表示，可是我就是如此不近情理。我还利用我主持的黑板报抨击班上男女生之间的"调情"现象，记得有一则杂感是这样写的："有的男生喜欢说你们女生怎么样怎么样，有的女生喜欢说你们男生怎么样怎么样，这样的男生和女生都不怎么样。"我的古板给我赢得了一个"小老头儿"的绰号。

现在我分析，当时我实际上是处在性心理的自发的调整时期。为了不让肉欲的觉醒损害异性的诗意，我便不自觉地远离异性，在我和她们之间建立了一道屏障。这个调整时期一直延续到进大学以后，在我十八岁那一年，我终于可以坦然地写诗讴歌美丽的女性和爱情了。

三　死的发现

我相信，每一个人在生命的早期必定会有那样一个时刻，突然发现了死亡。在此之前，虽然已经知道了世上有死这种现象，对之有所耳闻甚至目睹，但总觉得那仅仅与死者有关，并未与自己联系起来。可是，迟早有一天，一个人将确凿无疑地知道自己也是不可避免地会死的。这一发现是一种极其痛苦的内心经验，宛如发生了一场看不见的地震。从此以后，一个人就开始了对人生意义的追问和思考。

小时候，我经历过外祖父的死，刚出生的最小的妹妹的死，不过那时候我对死没有切身之感，死只是一个在我之外的现象。我也感到恐惧，但所恐惧的其实并不是死，而是死人。在终于明白死是一件与我直接有关，也属于我的事情之前，也许有一个逐渐模糊地意识到，同时又怀疑和抗拒的过程。小学高年级时，上卫生常识课，老师把人体解剖图挂在墙上，用教鞭指点着讲解。我记得很清楚，当时我脑中盘旋着的想法是：不，我身体里一定没有这些乱糟糟的东西，所以我是不会死的！这个抗辩的呼声表明，当时我已经开始意识到了死与我的可怕联系，所以要极力否认。

当然，否认不可能持续太久，至少在初中时，我已经知道我必将死亡是一个无可否认的事实了。从那时起，我便常常会在深夜醒来，想到人生的无常和死后的虚无，感到不可思议，感到绝望。上历史课时，有一回，老师给我们讲释迦牟尼成佛的故事，我感动得流了眼泪。在我的想象中，佛祖是一个和我一样的男孩，他和我一样为人的生老病死而悲哀，我多情地相信如果生在同时，我必是他的知己。

少年时代，我始终体弱多病，这更加重了我性格中的忧郁成分。从那时留下的诗歌习作中，我发现了这样的句子："一夕可尽千年梦，直对人世说无常。""无疾不知有疾苦，旷世雄心会入土。"当时我还不可能对生与死的问题作深入的哲学思考，但是，回过头看，我不能不承认，我后来关注人生的哲学之路的源头已经潜藏在少年时代的忧思中了。

四 "我"的发现

在我上中学的年代，学校里非常重视集体主义的教育，个人主义则总是遭到最严厉的批评。按照当时的宣传，个人没有任何独立的价值，其全部价值就是成为集体里的积极分子，为集体做好事。在这样的氛围里，一个少年人的自我意识是很难觉醒的。我也和大家一样，很在乎在这方面受到的表扬或批评。但是，我相信意识有表层和深层的区别，两者不是一回事。在深层的意识中，我的"自我"仍在悄悄地觉醒，而且恰恰是因为受了集体的刺激。

那是读初中的时候，为了强化学生的集体观念，老师按家庭住址给学生划片，每个片的男生和女生各组织成一个课外小组。当然，每个学生都必须参加自己那个小组的活动。在我的印象中，课外小组的活动是一连串不折不扣的噩梦。也许因为我当时身体瘦弱，性格内向，组里的男生专爱欺负我。每到活动日，我差不多是怀着赴难的悲痛，噙着眼泪走向作为活动地点的同学家里的。我知道，等待着我的必是又一场恶作剧。我记得最清晰的一次，是班上一个女生奉命前来教我们做手工，组内的男生们故意锁上门不让她进来，而我终于看不下去了，去把门打开。那个女生离去后，大家就群起而耻笑我，并且把我按倒在地上，逼我交代我与那个女生是什么关系。

受了欺负以后，我从不向人诉说。我压根儿没想到要向父母或者老师告状。我的内心在生长起一种信念，我对自己说，我与这些男生是不一样的人，我必定比他们有出息，我要让他们看到这一天。事实上我是憋着一股暗劲，那时候我把这称作志气，它成了激励我发奋学习的主要动力。后来，我的确是班上各门功课最优秀的学生，因此而屡屡受到老师们的夸奖，也逐渐赢得了同学们的钦慕，甚至过去最爱惹我的一个男生也对我表示友好了。

当然，严格地说，这还算不上对自我价值的发现，其中掺杂了太多的虚荣心和功利心。不过，除此之外，我当时的发奋也还有另一种因素在起作用，就是意识到了我的生命的有限和宝贵，我要对这不可重复的生命负责。在后来的人生阶段中，这一因素越来越占据了主导地位，终于使我能够比较地超脱功利而坚持走自己的路。我相信，对自己的生命负责是最基本的责任心，一个对自己的生命尚且不负责的人是决不可能对他人、对民族、对世界负责的。可是，即使在今天的学校教育中，这仍然是一个多么陌生的观念。

在我身上，自我意识的觉醒还伴随着一个现象，就是逐渐养成了写日记的习惯。一开始是断断续续的，从高中一年级起，便每天都记，乐此不疲，在我的生活中成了比一切功课重要无数倍的真正的主课。日记的存在使我觉得，我的生命中的每一个日子没有白白流失，它们将以某种方式永远与我相伴。写日记还使我有机会经常与自己交谈，而一个人的灵魂正是在这样的交谈中日益丰富而完整。我对写日记的热情一直保持到大学四年级，在文化大革命中被暂时扑灭，并且还毁掉了多年来写的全部日记。我为此感到无比心痛，但是我相信，外在的变故并不能夺去我的灵魂从过去写日记中所取得的收获。

（1999 年 3 月）

父母们的眼神

街道上站着许多人，一律沉默，面孔和视线朝着同一个方向，仿佛有所期待。我也朝那个方向看去，发现那是一所小学的校门。那么，这些肃立的人们是孩子们的家长了，临近放学的时刻，他们在等待自己的孩子从那个校门口出现，以便亲自领回家。

游泳池的栅栏外也站着许多人，他们透过栅栏朝里面凝望。游泳池里，一群孩子正在教练的指导下学游泳。不时可以听见某个家长从栅栏外朝着自己的孩子呼叫，给予一句鼓励或者一句警告。游泳课持续了一个小时，其间每个家长的视线始终执著地从众儿童中辨别着自己的孩子的身影。

我不忍心看中国父母们的眼神，那里面饱含着关切和担忧，但缺少信任和智慧，是一种既复杂又空洞的眼神。这样的眼神仿佛恨不能长出两把铁钳，把孩子牢牢夹住。我不禁想，中国的孩子要成长为独立的人格，必须克服多么大的阻力啊。

父母的眼神对于孩子的成长有着不可低估的影响。打个不太确切的比方，即使是小动物，生长在昏暗的灯光下或者在明朗的阳光下，也会造就成截然不同的品性。对于孩子来说，父母的眼神正是最经常笼罩他们的一种光线，他们往往是借之感受世界的明暗和自己生命的强弱的。

看到欧美儿童身上的那一股小大人气概，每每忍俊不禁，觉得非常可爱。相比之下，中国的孩子便仿佛总也长不大，不论大小事都依赖父母，不肯自己动脑动手，不敢自己做主。当然，并非中国孩子的天性如此，这完全是后天教育的结果。我在欧洲时看到，那里的许多父母在爱孩子上决不逊于我们，但他们同时又都极重视培养孩子的独立生活能力，简直视为子女教育的第一义。在他们看来，真爱孩子就应当从长计议，使孩子离得开父母，离了父母仍有能力生活得好，这乃是常识。遗憾的是，对于中国的大多数父母来说，这个不言而喻的道理尚有待启蒙。

我知道也许不该苛责中国的父母们，他们的眼神之所以常含不安，在很大程度上是因为看到了在我们周围的环境中有太多不安全的因素，诸如交通秩序混乱、公共设施质量低劣、针对儿童的犯罪猖獗，等等，皆使孩子的幼小生命面临威胁。给孩子们提供一个相对安全的生存环境，这的确已是全社会的一项刻不容缓的责任。但是，换一个角度看，正因为上述现象的存在，有眼光的父母在对自己孩子的安全保持必要的谨慎之同时，就更应该特别注意培养他们的独立精神和刚毅性格，使他们将来有能力面对严峻环境的挑战。

（1999 年 2 月）

记录成长

　　成长是人生最重要而奇妙的经历之一，我们在一生中有两次机会来体验这个经历，一次是为人子女，在父母抚育下长大；另一次是为人父母，抚育孩子长大。然而，我们所经历过的事情，未必就是我们所了解的。事实上，在这两种情形下，我们的处境都带有某种不可避免的盲目性。因此，孩子怎样长大——这始终是一个需要我们特别关注的题目。

　　在这方面，有一个做法值得提倡，就是从孩子出生那天起，就坚持不懈地为孩子写日记，记录孩子的成长过程。在我看来，凡是有文化的父母都应该这样做，这是他们能够为孩子，也为自己做的一件极有价值的事情。

　　当一个人处在成长之中时，他必然是当局者迷，无法从旁来观察自己的成长过程。一颗种子只是凭着生命的本能发芽和生长罢了。生命在其早期阶段有多少令人惊喜的可爱的表现，可是对于这生命的主人来说，它们往往连记忆也留不下，成了一笔在岁月中永远遗失的财富。我们在孩提时代是如此，现在我们的孩子也是如此。如果你是一个珍惜自己的生命经历的人，你一定会为这种缺失而遗憾。那么，既然现在你做了父母，你为什么不为你的孩子来做这一件可以减轻其遗憾的事情呢？我相信，在孩子长大后，做父母的能够送给孩子的最好礼物就是一本记录其童年趣事和成长细节的日记。

当然，在做了父母以后，我们也未必是旁观者清。孩子的成长并非一个发生在父母的生活之外的事件，它始终是与父母自己的生活交织在一起的。孩子长大的过程，同时也是父母抚养和教育孩子的过程，我们身在这同一个过程中，并不是超脱和清醒的旁观者。一个人即使是专门的教育家，一旦自己为人父母，抚育孩子长大仍然是一种全新的经验，必须在实践中摸索。正因为如此，记录孩子的成长对于我们自己也有了必要。当我们这样做的时候，我们同时也是在对自己抚育孩子的经验进行反省和思考，被记录下来的不仅是我们观察到的孩子学习做人的过程，也是我们自己学习做父母的过程。因此，这一份将来送给孩子的珍贵礼物同时也是我们自己生命中一段重要历程的宝贵留念。

我承认，持之以恒地做这件事是相当困难的，因为我们不只是做父母，除了抚育孩子之外，我们还有许多别的事情要做，不得不为了生存或事业而奋斗。在日常的忙碌中，我们很容易变成粗心的，甚至麻木的父母。不过，在我看来，这恰好是我们应该坚持做这件事的又一个理由，它也许是防止我们变成这样的父母的一个有效方法。一旦养成了习惯，记录的必然会促使我们的感觉更敏锐，观察更细致，通过记录成长，我们也就在更好地欣赏和研究成长。

（2001 年 11 月）

儿童教育五题

一　童年的价值

在人的一生中，童年似乎是最不起眼的。大人们都在做正经事，孩子们却只是在玩耍，在梦想，仿佛在无所事事中挥霍着宝贵的光阴。可是，这似乎最不起眼的童年其实是人生中最重要的季节。粗心的大人看不见，在每一个看似懵懂的孩子身上，都有一个灵魂在朝着某种形态生成。

在人的一生中，童年似乎是最短暂的。如果只看数字，孩提时期所占的比例确实比成年时期小得多。可是，这似乎短暂的童年其实是人生中最悠长的时光。我们仅在儿时体验过时光的永驻，而到了成年之后，儿时的回忆又将伴随我们的一生。

对聪明的大人说的话：倘若你珍惜你的童年，你一定也要尊重你的孩子的童年。当孩子无忧无虑地玩耍时，不要用你眼中的正经事去打扰他。当孩子编织美丽的梦想时，不要用你眼中的现实去纠正他。如同纪伯伦所说：孩子虽是借你而来，却不属于你；你可以给他爱，却不可给他想法，因为他有自己的想法。如果你执意把孩子引上成人的轨道，当你这样做的时候，你正是在粗暴地夺走他的童年。

二　野蛮的做法

今日的家长们似乎都深谋远虑，在孩子很小时就为他将来有一个好职业而奋斗了，为此拼命让孩子进重点学校和上各种课外班。从孩子这方面来说，便是从幼儿园开始就投入了可怕的竞争，从小学到大学一路走过去，为了拿到那张最后的文凭，不知要经受多少作业和考试的折磨。有道是：不能让我们的孩子输在起跑线上。可是，在我看来，这种教育方式恰好一开始就是输局了。身心不能自由健康地发展，只学得一些技能，将来怎么会有大出息呢？

一个人从童年、少年到青年，原是人生最美好也最重要的阶段，有其自身不可取代的价值，现在这个价值被完全抹杀了，其全部价值被归结为只是为将来谋职作准备。多么宝贵的童年和青春，竟为了如此渺小的一个目标做了牺牲。这种做法无疑是野蛮的。我不禁要问：这还是教育吗？教育究竟何为？

然而，现行教育体制以应试和急功近利为特征，使得家长和孩子们难有别的选择。因此，当务之急是改变这个体制。

三　不可误用光阴

如果说教育即生长，那么，教育机构和教育者的使命就是为生长提供最好的环境。

怎样的环境算最好？生长是人的能力的自由发展，可称之为内在的自由，最好的环境就是为之提供外在的自由。外在自由有两个方面，一是政治自由，包括言论自由、学术自由等，另一是自由时间。这里单说后一方面。

在希腊文中，学校一词的意思就是闲暇。在希腊人看来，学生必须有充裕的时间体验和沉思，才能自由地发展其心智能力。卢梭说："最重要的教育原则是不要爱惜时间，要浪费时间。"由我们今天的许多耳朵听来，这句话简直是谬论。但卢梭自有他的道理，他说："误用光阴比虚掷光阴损失更大，教育错了的儿童比未受教育的儿童离智慧更远。"今天许多家长和老师唯恐孩子虚度光阴，驱迫着他们做无穷的作业，不给他们留出一点儿玩耍的时间，自以为这就是尽了做家长和老师的责任。卢梭却问你：什么叫虚度？快乐不算什么吗？整日跳跑不算什么吗？如果满足天性的要求就算虚度，那就让他们虚度好了。

仔细想一想，卢梭多么有道理，我们今日的所作所为正是逼迫孩子们误用光阴。

四　城里的孩子没有童年

一个人的童年，最好是在乡村度过。一切的生命，包括植物、动物、人，归根到底来自土地，生于土地，最后又归于土地。上帝对亚当说："你是用尘土造的，你还要归于尘土。"在乡村，那刚来自土地的生命仍能贴近土地，从土地中汲取营养。童年是生命蓬勃生长的时期，而乡村为它提供了充满同样蓬勃生长的生命的环境。农村孩子的生命不孤单，它有许多同伴，它与树、草、野兔、家畜、昆虫进行着无声的谈话，它本能地感到自己属于大自然的生命共同体。相比之下，城里孩子的生命就十分孤单，远离了土地和土地上丰富的生命，与大自然的生命共同体断了联系。在一定意义上，城里孩子是没有童年的。

今天的孩子已经越来越没有童年。到各地走走，你会发现到处都在兴建雷同的城镇，千篇一律的商厦和水泥马路取代了祖先们修筑的土墙和小街，田野和村庄正在迅速消失。孩子们在这样一种环境中成长，压根儿没有过同大自然亲近的经验和对土地的记忆，因而也很难在他们身上唤起对大自然的真正兴趣了。有一位作家写到，她曾带几个孩子到野外去看月亮和海，可是孩子们对月亮和海毫无兴趣，心里惦记着的是及时赶回家去，不要误了他们喜欢的一个电视节目。

五　向孩子学习

耶稣说："你们如果不回转，变成小孩子的样子，就一定不得进天国。"帕斯卡尔说："智慧把我们带回到童年。"孟子说："大人先生者不失赤子之心。"几乎一切伟人都用敬佩的眼光看孩子。在他们眼中，孩子的心智尚未被岁月扭曲，保存着最宝贵的品质，值得大人们学习。

与大人相比，孩子诚然缺乏知识。然而，他们富于好奇心、感受性和想象力，这些正是最宝贵的智力品质，因此能够不受习见的支配，用全新的眼光看世界。

与大人相比，孩子诚然缺乏阅历。然而，他们诚实、坦荡、率性，这些正是最宝贵的心灵品质，因此能够不受功利的支配，做事只凭真兴趣。

如果一个成人仍葆有这些品质，我们就说他有童心。凡葆有童心的人，往往也善于欣赏儿童，二者其实是一回事。

相反，有那么一些童心已经死灭的大人，执意要把孩子引上自己的轨道。在他们眼中，孩子什么都不懂，什么都不行，一切都要大人教，而大人在孩子身上则学不到任何东西。恕我直言，在我眼中，他们是世界上最愚蠢的大人。

（2005 年 4 月）

孩子的心智

一

华兹华斯说："孩子是大人的父亲。"我这样来论证这个命题：

孩子长于天赋、好奇心、直觉，大人长于阅历、知识、理性，因为天赋是阅历的父亲，好奇心是知识的父亲，直觉是理性的父亲，所以孩子是大人的父亲。

这个命题除了表明我们应该向孩子学习之外，还可做另一种解释：对于每一个人来说，他的童年状况也是他的成年状况的父亲，因此，早期的精神发育在人生中具有关键作用。

二

童年无小事，人生最早的印象因为写在白纸上而格外鲜明，旁人觉得琐碎的细节很可能对本人性格的形成发生过重大作用。

三

我一再发现，孩子对于荣誉极其敏感，那是他们最看重的东西。可是，由于尚未建立起内心的尺度，他们就只能根据外部的标志来判断荣誉。在孩子面前，教师不论智愚都能够成为权威，靠的就是分配荣誉的权力。

四

电视镜头：妈妈告诉小男孩怎么放刀叉，小男孩问："可是吃的放哪里呢？"

当大人们在枝节问题上纠缠不清的时候，孩子往往一下子进入了实质问题。

五

在孩子眼中，世界是不变的。在世界眼中，孩子一眨眼就老了。

六

成长是一个不断学习的过程，学习如何做人处世，如何思考问题。不过，学习的场所未必是在课堂上。事实上，生活中偶然的契机，意外的遭遇，来自他人的善意或恶意，智者的片言只语，都会是人生中生动的一课，甚至可能改变我们人生的方向。

七

情窦初开的年龄，绽开的不只是欲望的花朵。初开的欲望之花多么纯洁，多么羞怯，多么有灵性，其实同时也是精神之花。和青春一起，心灵世界一切美好的东西，包括艺术和理想，个性和尊严，也都觉醒了。

这在人人都是一样的。区别在于，有的精神之花得到了充足的精神营养，长开不败，终于结出了果实；有的却只是昙花一现，因为营养不良而早早枯萎了。

八

在人的精神成长过程中，少年时期无疑是至关重要的。谁没有体验过青春的魔力降临时的那种奇妙的心情呢？突然之间，眼前仿佛打开了一个五彩缤纷的世界，一片隐藏着无穷宝藏的新大陆。少年人看世界的眼光是天然地理想化的，异性的面庞，两小无猜的友情，老师的一句赞扬，偶尔读到的一则故事或一段格言，都会使他们对世界充满美好的期望。从总体上比较，少年人比成年人更具精神性，他们更加看重爱情、友谊、荣誉、志向等精神价值，较少关注金钱、职位之类的物质利益。当然，由于阅世不深，他们的理想未免空泛。随着入世渐深，无非有两种可能：或者是把理想当作一种幼稚的东西抛弃，变得庸俗实际起来；或者是仍然坚持精神上的追求，因为实际生活的教训和磨炼，那会是一种更成熟、更自觉的追求。一个人最后走上哪一条路，取决于种种因素，不可一概而论。不过，他年少之时那种自发的精神性是否受到有效的鼓励和培育，肯定是其中一个重要的因素。

怎样做父母

一

做父母做得怎样，最能表明一个人的人格、素质和教养。

被自己的孩子视为亲密的朋友，这是为人父母者所能获得的最大的成功。不过，为人父母者所能遭到的最大的失败却并非被自己的孩子视为对手和敌人，而是被视为上司或者奴仆。

二

从一个人教育孩子的方式，最能看出他自己的人生态度。那种逼迫孩子参加各种班学各种技能的家长，自己在生活中往往也急功近利。相反，一个淡泊于名利的人，必定也愿意孩子顺应天性愉快地成长。

我由此获得了一个依据去分析貌似违背这个规律的现象。譬如说，我基本可以断定，一个自己无为却逼迫孩子大有作为的人，他的无为其实是无能和不得志，一个自己拼命奋斗却让孩子自由生长的人，他的拼命多少是出于无奈，这两种人都想在孩子身上实现自己的未遂愿望。

三

我常常观察到，很小的孩子就会表露出对死亡的困惑、恐惧和关注。

不管大人们怎样小心避讳，都不可能向孩子长久瞒住这件事，孩子总能从日益增多的信息中，从日常语言中，乃至从大人们的避讳态度中，终于明白这件事的可怕性质。他也许不说出来，但心灵的地震仍在地表之下悄悄发生。面对这类问题，大人们的通常做法一是置之不理；二是堵回去，叫孩子不要瞎想；三是给一个简单的答案，那答案必定是一个谎言。在我看来，这三种做法都是最坏的。正确的做法是鼓励孩子，不妨与他讨论，提出一些可能的答案，但一定不要做结论。让孩子从小对人生最重大也最令人困惑的问题保持勇于面对和开放的心态，这肯定有百利而无一弊，有助于在他们的灵魂中生长起一种根本的诚实。

四

在失去想象力的大人眼里，孩子的想象力也成了罪过。

五

我对孩子的期望：

第一个愿望：平安。如果想到包围着她的环境中充满不测，这个愿望几乎算得上奢侈了。

第二个愿望：身心健康地成长。

至于她将来做什么，有无成就，我不想操心，也不必操心，一切顺其自然。

六

据说童年是从知道大人们的性秘密那一天开始失去的。在资讯发达的今天，孩子们过早地失去了童年，而大人们的尴尬在于，不但失去了秘密，而且失去了向孩子揭示秘密的权力。

第四辑 哲学与语文教学

◎我对哲学课的最低和最高要求是把学生领进哲学之门，使他们约略领悟到哲学的爱智魅力，但这岂是一件容易的事！多少哲学教学的结果是南辕北辙，使学生听见哲学一词就头痛，看见贴着哲学标签的门就扭头，其实那些门哪里是通往哲学的呢！

◎如果我是语文教师，我主要就抓两件事，一是阅读的兴趣和能力，二是写作的兴趣和能力。我最不会做的事情，就是让学生分析某一篇范文的所谓中心思想或段落大意。

鼓励孩子的哲学兴趣

在一定的意义上，孩子都是自发的哲学家。他们当然并不知道什么是哲学，但是，活跃在他们小脑瓜里的许多问题是真正哲学性质的。我相信，就平均水平而言，孩子们对哲学问题的兴趣要远远超过大多数成人。这一方面是因为，从幼儿期到青春期，正是一个人的理性开始觉醒并逐渐走向成熟的时期，好奇心最强烈，求知欲最旺盛。另一方面，展现在他们眼前的是一个全新的世界，在这个阶段内，生命的生长本身就不断带来对人生的新的发现，看世界的新的角度，使他们迷乱和兴奋，也使他们困惑和思考。哲学原是对世界和人生的真相之探究，童年和青少年时期恰是发生这种探究的最佳机会。

然而，在多数人身上，随着年龄和阅历增长，曾经有过的那种自发的哲学兴趣似乎完全消失了，岁月把一个个小哲学家改造成了大俗人。之所以发生这种情况，孩子周围的大人——包括家长和老师——要负相当的责任。据我所见，对于孩子提出的哲学问题，大人们普遍以三种方式处理，一是无动于衷，认为不值得理睬；二是粗暴地顶回去，教训孩子不要瞎想；三是自以为是，用一个简单的答案打发孩子。在大人们心目中，对世界和人生的思考太玄虚，太无用，功课、考试、将来的好职业才是正经事。在这种急功近利的氛围中，孩子们的哲学兴趣不但得不到鼓励，而且往往过早地遭到了扼杀。

哲学到底有用还是无用？要回答这个问题，关键是如何看待所谓用。如果你只认为应试、谋职、赚钱是有用，那么，哲学的确没有什么用。可是，如果你希望孩子成为一个真正优秀的人，那么，哲学恰恰是最有用的。人类历史上的一切优秀者，不管是哪一个领域的，必是对世界和人生有自己广阔的思考和独特的理解的人。一个人只有小聪明而没有大智慧，却做成了大事业，这样的例子古今中外都不曾有过呢。

所以，如果你真正爱孩子，关心他们的前途，就应该把你自己的眼光放得远一点。不要挫伤孩子自发的哲学兴趣，而要保护和鼓励，而最好的鼓励办法就是和他们一起思考和讨论。事实上，任何一个真正的哲学问题都不可能有所谓标准答案，可贵的是发问和探究的过程本身，使我们对那些根本问题的思考始终处于活泼的状态中。

在这方面，我们亟需有水平的启蒙读物。好的启蒙书其实不但适合于孩子阅读，也适合于家长和孩子、老师和学生一同阅读。在相当程度上，大人也需要受启蒙，否则就当不好家长和老师。难道不是吗？

(2005 年 5 月)

哲学与孩子与通俗化

最近，广东教育出版社出版了一套面向少儿读者的《画说哲学》小丛书，我也参与了写作，因为我确信这是一件很有意义的事情。

在一切学问中，哲学最不实用。在一切时代中，我们的时代最讲究实用。哲学在今天的命运就可想而知了。不过，我并不因此而悲观，理由是：一、我从来不期望哲学成为热门，哲学成为热门未必是好事；二、在任何时代，总是有不讲究实用的一代人，那就是涉世未深的少年儿童。

童年和少年是哲学的黄金时期。无论东西方，最好的哲学都出在公元前 5 世纪左右，那是人类的童年和少年时期。对于个人也是这样，在这个年龄上，正在觉醒的好奇心直接面对世界和人生，其间还没有隔着种种遮蔽人的心智的利欲和俗见。孩子们多么善于提出既不实用，又无答案的问题呵，这正是哲学问题的典型特点，可惜的是，它们往往被毫无哲学听觉的大人们扼杀了，同时也扼杀了许多未来的哲学家。当然，这对这些孩子自己未必是不幸，因为真的成了哲学家，他们就很难在社会上吃得开，更不用想当高官大款了。但是，我想，他们中间或许会有一些人，像我们一样，将来并不后悔做穷哲学家；而那些将来有希望当高官大款的人，他们也会不反对自己保留一点哲学眼光，以便在社会的沉浮中有以自持。所以，编写这套面向少年儿童的哲学读物，很可能是一件虽然无用然而有益的事情。

据说有些哲学专业人员认为，写通俗的哲学作品必然会降低哲学的水准，丧失哲学的真髓。因此，他们站在专业立场上坚决反对把哲学通俗化。其实，所谓"通俗"是一个太笼统的说法。"通"本是与"隔"相对而言的，一个作者对自己所处理的题目融会贯通，因而能与相应的读者沟通，在这两方面均无阻隔，便是"通"。"俗"则是与"雅"相对而言的，指内容的浅显和形式的易于流行。所以，"通"和"俗"原不可相提并论。事实上，世上多的是"俗"而不"通"或"雅"而不"通"的制品，却少有真正"通"而不"俗"的作品。难的不是"雅"，而是"通"。而且我相信，只要真正"通"了，作品就必定不"俗"。柏拉图的许多对话，帕斯卡尔的思想录，蒙田的随笔，尼采的格言，圣埃克絮佩里的哲学童话《小王子》，看似通俗易懂，却都是哲学的精品。有时候，深刻的理论发现为了不使自己与已有的理论相混淆，不得不寻找与众不同的表达，或许难免显得艰涩。但是，表达得清晰生动而又不损害思想的独创性和深刻性，这无论如何属于一流的语言技巧，不是贬低了而是更加显示了一位大师的水准。相反，如果不"通"，不管怎样写得让人看不懂，也只是冒充高雅、故弄玄虚而已。

所以，我丝毫也不看轻给孩子们写哲学书这项工作。就我个人的爱好而言，我是更乐意和孩子们（包括童心未灭的大人）谈哲学的。与学者们讨论哲学，很多时候是在卖弄学问。在孩子们面前，卖弄学问就无济于事了。当事情涉及到启迪智慧时，孩子是最不好骗的。如果我自己不"通"，我就决不可能让他们对我的话装出感兴趣和理解的样子。我必须抛开在哲学课堂上学来的一切半生不熟的知识，回到最原初的哲学问题上来，用最原初的方式来思考和讲述。对于我来说，这差不多是哲学上的一种返璞归真和正本清源。以后若还有机会，我有心继续这种尝试，而且把这看作是对自己的哲学能力的一种真正考验。

（1996 年 5 月）

谁来上哲学课

　　哲学课可以是最令人生厌的，也可以是最引人入胜的，就看谁来上这门课了。谁来上是重要的。与别的课以传授知识为主不同，在哲学课上，传授知识只居于次要地位，首要目标是点燃对智慧的爱，引导学生思考世界和人生的重大问题。要达到这个目标，哲学教师自己就必须是一个有着活泼心智的爱智者。他能在课堂上产生一个磁场，把思想的乐趣传递给学生。他是一个证人，学生看见他便相信了哲学决非一种枯燥的东西。这样一个教师当然不会拿着别人编的现成教材来给学生上课，他必须自己编教材，在其中贯穿着他的独特眼光和独立思考。

　　傅佩荣先生的《哲学与人生》就是这样的一本教材。他开设的这门课程在台湾大学受到热烈欢迎，被学生评为"最佳通识课程"，我读了以后觉得是名实相符的。傅先生对于哲学真有心得，而且善于作简洁清晰的表达。比如在讲解哲学是"爱智"时，他把"爱智"定义为"保持好奇的天性，探询一切事物的真相"的生活态度，把"智慧"概括为"完整"和"根本"两个特征，又将"爱智"的"爱"解释为温和而理性的"友爱"，而与狂热的"情爱"、浮泛的"博爱"相区别，令人感到既准确又颇具新意。我还欣赏傅先生眼界和心胸的开阔，没有门户之见，在他的课程中做到了两个打通。一是打通各个精神领域，讲哲学而不局限于哲学学科，分别列出专章论述神话、艺术、宗教、教育对于人生哲学的特殊贡献，把人生问题置于文化的大视野中来考察。二是打通中西哲学，西方的重点放在苏格拉底和存在主义，中国则着重阐述了儒道二家哲学的内在理路及其价值，博采众家之长，在建构现代人生哲学时对一切思想资源保持开放的心态。

人们是否赞同本书中的某些具体观点，这丝毫不重要。一个优秀哲学教师的本事不在于让学生接受他的见解，而在于让学生受到他的熏陶，思想始终处于活跃的状态。我对哲学课的最低和最高要求是把学生领进哲学之门，使他们约略领悟到哲学的爱智魅力，但这岂是一件容易的事！多少哲学教学的结果是南辕北辙，使学生听见哲学一词就头痛，看见贴着哲学标签的门就扭头，其实那些门哪里是通往哲学的呢！因此，在向读者推荐本书的同时，我期待我们通识课程的改革，从而出现一批真正能把学生领进哲学之门的哲学教师和哲学教材。

(2004 年 10 月)

做一个有灵魂的人

—— 与中学生谈学习哲学

　　最近，《中国教育报》对中学生的课外阅读做调查，结果显示，哲学类书籍在其中占据了相当比重。同时，也发现不少人对哲学有误解。该报记者汇集了一些问题，希望我有针对性地与中学生谈一谈哲学的学习。这正是我乐意做的事情，因为我相信，中学生里一定有许多哲学的潜在知音，对他们说话决不会白费口舌。

　　一、哲学是什么？教科书上说是关于世界观的学问。这个定义好像太笼统。调查中发现，很多学生以为哲学就是马克思主义或政治课本，觉得枯燥，但他们却喜欢读哲理散文，例如您的文章。您如何看待这种现象？

　　哲学一词的本义是爱智慧，通俗地说，就是不愿糊里糊涂地活着，要活得明白。苏格拉底有一句名言——"未经省察的人生没有价值"，就是这个意思。而要活得明白，就必须用自己的头脑去想世界和人生的根本问题。在此意义上，可以说哲学就是世界观和人生观。我不太赞同哲学是学问的提法，因为说学问就容易凝固化。严格地说，哲学不是一门学问，而是一种思考的状态。请注意"观"这个词，世界观就是"观"世界，人生观就是"观"人生，第一，要用自己的眼睛去"观"；第二，所"观"的应是世界和人生的全局。我们平时往往沉湎在身边的琐事之中，但有时也会从中跳出来，想一想世界究竟是什么、人生究竟有什么意义这样的问题，这时候就是在进行哲学思考了。哲学是"观"全局的活动，其最重要的特征，一是独立思考，二是思考根本问题。

马克思是一位大哲学家，马克思主义是一种在现代具有重要影响的哲学，这是现代许多哲学家都承认的。但是，马克思主义哲学是在西方哲学传统中产生的，脱离这个传统，就不可能正确理解。在我们的教科书中，它被孤立起来了，它的丰富内涵又被简单化为一些教条，这当然会使学生对哲学产生误解和厌倦。我本人认为，中学哲学教学的改革势在必行。

二、如今书店里最多的哲理读物是励志类书籍，您认为它们会给中学生带来何种影响？

的确，现在书店里充斥着所谓励志类书籍，其内容无非是教人如何在名利场上拼搏、出人头地、发财致富，如何精明地处理人际关系、讨老板欢心、在社会上吃得开，诸如此类。依我看，这类东西基本上是垃圾，与哲学完全不沾边。偏是这类东西似乎十分畅销，每次在书店看到它们堆放在最醒目的位置上，满眼是"经营自我"、"致富圣经"、"人生策略"、"能说会道才能赢"之类庸俗不堪的书名，我就为我们的民族感到悲哀，何以竟堕落到了这等地步。使我惊讶的是，对于这种东西，稍有灵性的人都会产生本能的厌恶，怎么还有人而且许多人把它们买回去读？事实上，它们大多是书商找写手胡乱编造出来的，目的是骗钱，写手自己绝非成功之人，读它们的人怎么就能成功？可见这个时代已经急功近利到了盲目的程度。这种书会不会对中学生带来不良影响？当然会。不过，我相信，就本性而言，青少年蓬勃向上的心灵是不会喜欢这种散发着腐朽气息的东西的，没有一个孩子愿意自己变得世故。如果他们中有人也读这种书，我敢断言，多半是庸俗的家长硬塞给他的。我希望广大中学生远离这种书，以读这种书为耻，因为这意味着年轻纯洁的心过早变老变平庸了。

这里我想顺便谈一谈为什么要学哲学。人是应该有进取心的，问题是朝什么方向进取。哲学让人综观世界和人生的全局，实际上就为人的进取方向提供了一个坐标。一个人活在世上只是追求世俗的成功，名啊利啊什么的，他的成功只是表面的，仍然是在混日子而已，区别只在混得好不好。真正的成功是做人的成功，即做一个有灵魂的人，一个精神上优秀的大写的人。这样的人即使在世俗的意义上不很成功，他的人生仍是充满意义的。可是，事实上，人类历史上一切伟大的成功者恰恰出于这样的人之中。不管在哪一个领域，包括创造财富的领域，做成大事业的决非只有一些小伎俩的精明之人，而必是对世界和人生有广阔思考和独特领悟的拥有大智慧的人。

三、您曾说您最乐意与孩子谈哲学，您的《哲学：对世界的认识》、《精神的故乡》二书也是为孩子写的。您能不能谈一谈，一个人在什么年龄学哲学最合适？中学生应该怎样学哲学？您能否推荐一些适合于中学生的哲学读物？

一个人在任何年龄都可以学哲学。在不同的年龄，学习的方式和感受是不同的。黑格尔说过，对于同一句格言，少年人和老年人会有很不同的理解。不过，就哲学是爱智慧而言，我觉得中学和大学低年级是开始学哲学的最佳年龄。有一本书的书名叫"孩子都是哲学家"，我很赞同这个说法。爱智慧开始于好奇心，而孩子的好奇心是最强烈的，面对一个全新的世界和人生，他们什么都要问，其中许多是真正哲学性质的。只是在小学时，年龄太小，好奇心虽然强烈，理性思维的能力毕竟还弱，应该鼓励孩子的自发兴趣，但不宜于正式学习。到了中学阶段，可以开始正式学习了。所谓正式学习，也不是一本正经地读教科书。你看在古希腊时代，苏格拉底整天在街头与人聊天，最喜欢听他聊天的正是一些高中生、大学生年龄的人，他也最喜欢与这样年龄的人聊，认为他们的心灵是最适宜播下哲学种子的肥土。就在这样的聊天中，这些青少年学到了哲学，其中好几位成了大哲学家，比如柏拉图。

可是，今天的中学生到哪里去找这样一个苏格拉底啊，主要还得靠自己阅读。一开始当然只能读一些比较通俗的入门书，在选择这类读物的时候，我想强调两条标准，第一要有趣，第二起点要高。既有趣起点又高，谈何容易，其实好的通俗哲学书是非常难写的，必出于大家之手。这方面有两本书值得推荐，一是罗素的《西方的智慧》，另一是杜兰特的《哲学的故事》。到了高中和大学阶段，如果你想深入学哲学，我建议你读一本比较可靠的哲学史，比如梯利的《西方哲学史》，然后，选择其中谈到的你感兴趣的哲学家，去看他们的原著。我这里说的是学习西方哲学，学习中国古代哲学的道理与此相同。根据我的经验，要真正领悟哲学是什么，最好的办法就是读大哲学家的原著，看他们在想什么问题和怎样想这些问题。你一旦读了进去，就再也不想去碰那些粗浅的启蒙读物了。

（2005 年 5 月）

如果我是语文教师

我问自己一个问题：如果我是中学语文教师，我会怎么教学生？

对这个问题不能凭空回答，而应凭借切身的经验。我没有当过中学教师，但我当过中学生。让我回顾一下，在我的中学时代，什么东西真正提高了我的语文水平，使我在后来的写作生涯中受益无穷。我发现是两样东西，一是读课外书的爱好，二是写日记的习惯。

那么，答案就有了。

如果我是语文教师，我会注意培养学生对书籍的兴趣，鼓励他们多读好书，多读好的文学作品。所谓多，就要有一定的阅读量，比如说每个学期至少读三本好书。我也许会开一个推荐书目，但不做统一规定，而是让每个学生自己选择感兴趣的书。兴趣尽可五花八门，但趣味一定要正，在这方面我会做一些引导。我还会提倡学生写读书笔记，形式不拘，可以是读后的感想，也可以只是摘录书中自己喜欢的语句。

如果我是语文教师，我会鼓励学生写日记。写日记第一贵在坚持，养成习惯；第二贵在真实，有内容。写日记既能坚持又写得有内容，即已证明这个学生在写作上既有兴趣又有能力，我会保证给予其优秀的语文成绩。

我主要就抓这两件事。所谓语文水平，无非就是这两样东西，一是阅读的兴趣和能力，二是写作的兴趣和能力。当然要让学生写作文，不过，我会采取不命题为主的方式，学生可以把自己满意的某一篇读书笔记或日记交上来，作为课堂作文。总之，我要让学生知道，上我的语文课，无论阅读还是写作，最重要的是要有自己的真实感受和独立见解。

我最不会做的事情，就是让学生分析某一篇范文的所谓中心思想或段落大意。据我所知，我的文章常被用作这样的范文，让学生们受够了折磨。有一回，一个中学生拿了这样一份卷子来考我，是我写的《面对苦难》。对于所列的许多测试题，我真不知该如何解答，只好蒙，她对照标准答案批改，结果几乎不及格。由此可见，这种有所谓标准答案的测试方式是多么荒谬。

(2008 年 1 月)

周国平论教育

养成写日记的习惯

　　不论在什么场合，只要是面对着中学生，我最经常提的一个建议就是，养成写日记的习惯。中学是人生的一个关键时期，许多好习惯和坏习惯都是在这个时期养成的。有两种好习惯，一旦养成了，就终身受益。我指的是阅读的习惯和写日记的习惯。这里我只说一说写日记的好处。

　　第一，日记是岁月的保险柜。每个人都只拥有一次人生，而人生是由每天、每年、每个阶段的活生生的经历组成的。如果你热爱人生，你就一定会无比珍惜自己的经历，珍惜其中的欢乐和痛苦，心情和感受，因为它们是你真正拥有的东西。令人遗憾的是，这一切不可避免地会随着时间的流逝而失去。为了留住它们，人们想出了种种办法，例如用摄影和录像保存生活中的若干场景。但是，我认为写日记是更好的办法，与图像相比，文字的容量要大得多。通过写日记，我们仿佛把逝去的一个个日子放进了保险柜，有一天打开这个保险柜，这些日子便会历历在目地重现在眼前。记忆是不可靠的，对于一个不写日记的人来说，除了某些印象特别深刻的经历外，多数往事会渐渐模糊，甚至永远沉入遗忘的深渊。相反，如果有日记作为依凭，即使许多年前的细节，也比较容易在记忆中唤醒。在这个意义上，日记使人拥有了一个更丰富的人生。

　　第二，日记是灵魂的密室。人活在世上，不但要过外部生活，比如上学，和同学交往，而且要过内心生活。内心生活并不神秘，它实际上就是一个人自己与自己进行交谈。你读到了一本使你感动的书，你看到了一片使你陶醉的风景，你见到了一个使你心仪的人，你遇到了一件使你高兴或伤心的事，在这些时候，你心中也许有一些不愿或者不能对别人说的感受，你就用笔对自己说。当你这样做的时候，你是在写日记，同时也就是在过内心生活了。有的人只习惯于与别人共处，和别人说话，自己对自己却无话可说，一旦独处就难受得要命，这样的人终究是肤浅的。人必须学会倾听自己的心声，自己与自己交流，这样才能逐渐形成一个较有深度的内心世界，而写日记正是帮助我们达到这一目的的有效手段。

第三，日记是忠实的朋友。我们在人世间不能没有朋友，真正的友谊使我们在困难时得到帮助，在痛苦时得到慰藉，在一切时候得到温暖和鼓舞。不过，请不要忘记，在所有的朋友之外，每个人还可以拥有一个特殊的朋友，那就是日记。在某种意义上，它是你的最忠实的朋友。没有人——包括你最亲密的朋友——是你的专职朋友，唯有日记可以说是。别的朋友总有忙于自己的事情而不能关心你的时候，而日记却随时听从你的召唤，永远不会拒绝倾听你的诉说。一个人养成了写日记的习惯，他仍会有寂寞的时光，但不会无法忍受，因为有日记陪伴他。在隐私权受到法律保护的社会里，日记的忠实还表现在它不会背叛你，无论你对它说了什么，它都只是珍藏在心里，决不违背你的意愿向外张扬。

第四，日记是作家的摇篮。要成为一个够格的作家，基本条件是有真情实感，并且善于用恰当的语言把真情实感表达出来。在这方面，写日记是最好的训练，因为日记是写给自己看的，一个人总不会把空洞虚假的东西献给自己。对于提高写作能力来说，日记有作文不可代替的作用。作文所起的作用在很大程度上取决于教师的水平，如果教师水平低，指导失当，甚至会起坏作用。与写作文不同，在写日记时，你是自由的，可以只写自己感兴趣的东西，不用为你不感兴趣的题目绞尽脑汁。你还可以只按照自己满意的方式写，不用考虑是否合乎某个老师的要求或某种固定的规范。按照自己满意的方式写自己感兴趣的题材，这正是文学

周国平论教育

创作的主要特征，所以写日记是比写作文更接近于创作的。事实上，许多优秀作家的创作就是从写日记开始的，而且，如果他们想继续优秀，就必须在创作中始终保持写日记时的那种自由心态。

我说了这么多写日记的好处，那么，是不是一个人只要随便怎样写一点日记，就能得到这些好处呢？当然不是。依我看，要得到这些好处，必须遵守三个条件。一是坚持，尤其是开始时每天都写，来不及就第二天补写，决不偷懒，决不姑息自己，这样才能形成为习惯。二是认真，对触动了自己的事情和心情要仔细写，努力寻找确切的表达，决不马虎，决不敷衍自己，这样写出的日记才具有我在上面列举的这些价值。三是私密，基本上不给人看，这样在写日记时才能排除他人眼光的干扰，坦然面对自己，句句都写真心话。

写到这里，我不得不对天下的老师和家长们进一忠告，因为要遵守这第三个条件，必须有你们的理解和配合。你们一定要把日记和作文区别开来，语文老师当然可以布置学生写若干篇日记然后加以批改，但这样的日记实际上是作文，只不过其体裁是日记罢了。我现在提倡学生写的是名副其实的日记，这意味着老师和家长都必须尊重其私密性，如果不是孩子自愿，任何人不得查看。我不止一次听说这样的事情：有的孩子自发地写起私人日记来，家长和老师觉察后，便偷看或突击检查，一旦发现自以为不妥当的内容，就横加指责和羞辱。这是十足的愚蠢和野蛮，是对孩子正在生长的自由心灵和独立人格的摧残。我们应该把孩子的私人日记看作属于他们的一块不容侵犯的圣地，甚至克制我们的好奇心，鼓励孩子不给我们看。我们要相信，孩子的心灵隐私越是受到尊重，他们就越容易培养起真诚、自信、独立思考等品质，他们在精神上就越能够健康地成长。不必担心因此会互相隔膜，实际上，唯有在平等和尊重的氛围中，我们和孩子之间才可能产生实质性的交流。也无须靠检查日记来了解学生的语文水平，学生写日记是否认真，有无收获，必定会在作文中体现出来，而被有慧眼的教师看到。

（2003 年 7 月）

周国平论教育

第五辑

生命教育

◎从孩子开始，就要培育生命尊严的意识，使他们懂得善待自己的生命，由此推己及人，善待一切生命。

◎浩瀚宇宙间，也许只有我们的星球开出了生命的花朵，可是，在这个幸运的星球上，比比皆是利益的交换、身份的较量、财产的争夺，最罕见的偏偏是生命与生命的相遇。仔细想想，我们是怎样的本末倒置，因小失大，辜负了造化的宠爱。

尊重生命是最基本的觉悟

　　若干天前，北京 726 路公交车上，因为一个微不足道的原因，一名十四岁女孩被一个女售票员掐住脖子殴打，当场昏倒，女孩的母亲请求该车男司机把女孩送往医院，遭拒绝。女孩在好心路人帮助下被送到医院时已无生命体征，经抢救无效，宣告死亡。

　　读了 10 月 4 日《新京报》上的这则报道，我至今感到胸口发堵。一个花季少女，兴冲冲随父母进城买书，焉知会无端死于非命！她的父母年事已高，只有这一根独苗，怎么经得住如此横祸？最使我震惊的是，那个女售票员和那个男司机都是普通百姓，不是什么恶人，竟会对一个年轻的生命如此凶狠，或者抱如此冷漠的态度。

　　这诚然是一个偶然事件，但是，联系到当今社会上相当普遍的对生命的冷漠态度，就不能不令人忧虑。随便翻翻报纸就可看到，残害生命的恶性事件屡有发生：医院认钱不认人，见死不救，或者渎职造成致人死命的医疗事故；矿难频繁，矿主靠牺牲工人的生命大发其财；不法商人制售假药和伪劣食品；素质低劣的执法人员草菅人命；交通肇事者抛下，甚至故意轧死受害者逃逸；当然，还有形形色色的杀人犯罪，其缘由有时小得与一条生命的价值太不相称。在一个普遍对生命冷漠的环境中，人是不可能有安全感的，无人能保证似乎偶然的灾祸不会落到自己头上。

生命的珍贵不言而喻。每个人都只有一条命，每个人的生命都是独一无二、不可重复的。在人生的一切价值中，生命的价值是最基本的价值，其余一切价值都以生命的价值之得到确认为前提。因此，源自古罗马的自然法传统把生命视为人的第一项天赋权利。法治理论的终极出发点就是寻求一种能够最大限度保障每个人生命权利的社会秩序，由此而主张规则下的自由，即一方面人人享有实现其生命权利的充分自由，另一方面不允许任何人侵犯他人的此种相同自由。如果说唯有健全的法治社会才能确保其绝大多数成员的生命得到尊重，那么，同样道理，唯有当社会绝大多数成员具备尊重生命的觉悟之时，才能建成健全的法治社会。

在论证自由和法治原理时，亚当·斯密、斯宾塞等都谈到人的两种本性，一是利己的生命本能，二是同情心。由于同情心，人能够推己及人，由自爱进而尊重他人。这实际上相当于中国儒家所倡导的"仁"，按照孔子的解释，就是"己欲立而立人，己欲达而达人"。然而，值得深思的是，在中国漫长的历史实践中，这种推己及人的仁爱精神并未得到发扬，相反，"能近取譬"被归结成了孝道，由孝及忠，形成了三纲五常一整套等级伦理秩序。在这个秩序中，我们看不到个体生命的地位。问题的根源也许还要到儒家理论中去寻找，忽视个体生命的价值和权利原是这一理论的欠缺。如果每一个人自身生命尊严的意识阙如或得不到支持，那么，推己及人就失去了前提，对他人生命的尊重自然会落空。凡是对自己的生命麻木的人，必然会对他人的生命冷漠。

事实上，在两千年的专制政治下，不必说平民百姓，即使是朝廷命官，个人的生命也是毫无权利可言的。君命臣死，臣不得不死，而且动辄满门抄斩，株连九族，这样的惨案不知发生了多少。其流毒之深远，在历次运动尤其是"文革"中也可见出，造成了许多夺命冤案。严格地说，在我们的文化传统中，始终没有确立生命尊严的普遍意识，对生命的冷漠由来已久。因此，一旦面对经济利益的诱惑，生命在权力面前等于零就很容易转变成了生命在金钱面前等于零。

转型时期的问题是复杂的，每一问题的根本解决既要靠体制的改革和完善，又要靠国民素质的提高，而这两者是彼此制约、相辅相成的。就提高国民素质而言，我认为，亟须把尊重生命列为公民教育的重要内容。从孩子开始，就要培育生命尊严的意识，使他们懂得善待自己的生命，由此推己及人，善待一切生命。当今急功近利的教育恰恰与此相悖，使人目中只有利益，没有生命，把生命当成了利益的工具，其结果真正是堪忧的。

(2005 年 10 月)

生命本来没有名字

这是一封读者来信，从一家杂志社转来的。每个作家都有自己的读者，都会收到读者的来信，这很平常。我不经意地拆开了信封。可是，读了信，我的心在一种温暖的感动中战栗了。

请允许我把这封不长的信抄录在这里：

不知道该怎样称呼您，每一种尝试都令自己沮丧，所以就冒昧地开口了，实在是一份由衷的生命对生命的亲切温暖的敬意。

记住您的名字大约是在七年前，那一年翻看一本《父母必读》，上面有一篇写孩子的或者是写给孩子的文章，是印刷体，却另有一种纤柔之感，觉得您这个男人的面孔很别样。

后来慢慢长大了，读您的文章便多了，常推荐给周围的人去读，从不多聒噪什么，觉得您的文章和人似乎是很需要我们安静的，因为什么，却并不深究下去了。

这回读您的《时光村落里的往事》，恍若穿行乡村，沐浴到了最干净最暖和的阳光。我是一个卑微的生命，但我相信您一定愿意静静地听这个生命说："我愿意静静地听您说话……"我从不愿把您想象成一个思想家或散文家，您不会为此生气吧。

也许再过好多年之后，我已经老了，那时候，我相信为了年轻时读过的您的那些话语，我要用心说一声：谢谢您！

信尾没有落款，只有这一行字："生命本来没有名字吧，我是，你是。"我这才想到查看信封，发现那上面也没有寄信人的地址，作为替代的是"时光村落"四个字。我注意了邮戳，寄自河北怀来。

从信的口气看，我相信写信人是一个很年轻的刚刚长大的女孩，一个生活在穷城僻镇的女孩。我不曾给《父母必读》寄过稿子，那篇使她和我初次相遇的文章，也许是这个杂志转载的，也许是她记错了刊载的地方，不过这都无关紧要。令我感动的是她对我的文章的读法，不是从中寻找思想，也不是作为散文欣赏，而是一个生命静静地倾听另一个生命。所以，我所获得的不是一个作家的虚荣心的满足，而是一个生命被另一个生命领悟的温暖，一种暖入人性根底的深深的感动。

"生命本来没有名字"——这话说得多么好！我们降生到世上，有谁是带着名字来的？又有谁是带着头衔、职位、身份、财产等等来的？可是，随着我们长大，越来越深地沉溺于俗务琐事，已经很少有人能记起这个最单纯的事实了。我们彼此以名字相见，名字又与头衔、身份、财产之类相连，结果，在这些寄生物的缠绕之下，生命本身隐匿了，甚至萎缩了。无论对己对人，生命的感觉都日趋麻痹。多数时候，我们只是作为一个称谓活在世上。即使是朝夕相处的伴侣，也难得以生命的本然状态相待，更多的是一种伦常和习惯。浩瀚宇宙间，也许只有我们的星球开出了生命的花朵，可是，在这个幸运的星球上，比比皆是利益的交换、身份的较量、财产的争夺，最罕见的偏偏是生命与生命的相遇。仔细想想，我们是怎样的本末倒置，因小失大，辜负了造化的宠爱。

是的——我是，你是，每一个人都是一个多么普通又多么独特的生命，原本无名无姓，却到底可歌可泣。我、你、每一个生命都是那么偶然地来到这个世界上，完全可能不降生，却毕竟降生了，然后又将必然地离去。想一想世界在时间和空间上的无限，每一个生命的诞生的偶然，怎能不感到一个生命与另一个生命的相遇是一种奇迹呢？有时我甚至觉得，两个生命在世上同时存在过，哪怕永不相遇，其中也仍然有一种令人感动的因缘。我相信，对于生命的这种珍惜和体悟乃是一切人间之爱的至深的源泉。你说你爱你的妻子，可是，如果你不是把她当作一个独一无二的生命来爱，那么你的爱还是比较有限。你爱她的美丽、温柔、贤惠、聪明，当然都对，但这些品质在别的女人身上也能找到。唯独她的生命，作为一个生命体的她，却是在普天下的女人身上也无法重组或再生的，一旦失去，便是不可挽回地失去了。世上什么都能重复，恋爱可以再谈，配偶可以另择，身份可以炮制，钱财可以重挣，甚至历史也可以重演，唯独生命不能。愈是精微的事物愈不可重复，所以，与每一个既普通又独特的生命相比，包括名声地位财产在内的种种外在遭遇实在粗浅得很。

既然如此，当另一个生命，一个陌生得连名字也不知道的生命，远远地却又那么亲近地发现了你的生命，透过世俗功利和文化的外观，向你的生命发出了不求回报的呼应，这岂非人生中令人感动的幸遇？

所以，我要感谢这个不知名的女孩，感谢她用她的安静的倾听和领悟点拨了我的生命的性灵。她使我愈加坚信，此生此世，当不当思想家或散文家，写不写得出漂亮文章，真是不重要。我唯愿保持住一份生命的本色，一份能够安静聆听别的生命也使别的生命愿意安静聆听的纯真，此中的快乐远非浮华功名可比。

很想让她知道我的感谢，但愿她能读到这篇文章。

（1994 年 3 月）

生命中不能错过什么

——《绿山墙的安妮》中译本序

安妮是一个十一岁的孤儿，一头红发，满脸雀斑，整天耽于幻想，不断闯些小祸。假如允许你收养一个孩子，你会选择她吗？大概不会。马修和玛莉拉是一对上了年纪的独身兄妹，他们也不想收养安妮，只是因为误会，收养成了令人遗憾的既成事实。故事就从这里开始，安妮住进了美丽僻静村庄中这个叫作绿山墙的农舍，她的一言一行都将经受老处女玛莉拉的刻板挑剔眼光——以及村民们的保守务实眼光——的检验，形势对她十分不利。然而，随着故事的进展，我们看到，安妮的生命热情融化了一切敌意的坚冰，给绿山墙和整个村庄带来了欢快的春意。作为读者，我们也和小说中所有人一样不由自主地喜欢上了她。正如当年马克·吐温所评论的，加拿大女作家莫德·蒙格玛丽塑造的这个人物不愧是"继不朽的艾丽丝之后最令人感动和喜爱的儿童形象"。

在安妮身上，最令人喜爱的是那种富有灵气的生命活力。她的生命力如此健康蓬勃，到处绽开爱和梦想的花朵，几乎到了奢侈的地步。安妮拥有两种极其宝贵的财富，一是对生活的惊奇感，二是充满乐观精神的想象力。对于她来说，每一天都有新的盼望、新的惊喜。她不怕盼望落空，因为她已经从盼望中享受了一半的喜悦。她生活在用想象力创造的美丽世界中，看见五月花，她觉得自己身在天堂，看见了去年枯萎的花朵的灵魂。请不要说安妮虚无缥缈，她的梦想之花确确实实结出了果实，使她周围的人在和从前一样的现实生活中品尝到了从前未曾发现的甜美滋味。

我们不但喜爱安妮，而且被她深深感动，因为她那样善良。不过，她的善良不是来自某种道德命令，而是源自天性的纯净。她的生命是一条虽然激荡却依然澄澈的溪流，仿佛直接从源头涌出，既积蓄了很大的能量，又尚未受到任何污染。安妮的善良实际上是一种感恩，是因为拥有生命、享受生命而产生的对生命的感激之情。怀着这种感激之情，她就善待一切帮助过她乃至伤害过她的人，也善待大自然中的一草一木。和怜悯、仁慈、修养相比，这种善良是一种更为本真的善良，而且也是更加令自己和别人愉快的。

所以，我认为，这本书虽然是近一百年前问世的，今天仍然很值得我们一读。作为儿童文学的一部经典之作，今天的孩子们一定还能够领会它的魅力，与可爱的主人公发生共鸣，孩子们比我聪明，无须我多言。我想特别说一下的是，今天的成人们也应当能够从中获得教益。在我看来，教益有二。一是促使我们反省对孩子的教育。我们该知道，就天性的健康和纯净而言，每个孩子身上都藏着一个安妮，我们千万不要再用种种功利的算计去毁坏他们的健康，污染他们的纯净，扼杀他们身上的安妮了。二是促使我们反省自己的人生。在今日这个崇拜财富的时代，我们该自问，我们是否丢失了那些最重要的财富，例如对生活的惊奇感，使生活焕发诗意的想象力，源自感激生命的善良，等等。安妮曾经向从来不想象和现实不同的事情的人惊呼："你错过了多少东西！"我们也该自问：我们错过了多少比金钱、豪宅、地位、名声更宝贵的东西？

（2003 年 4 月）

生命教育八题

一 珍爱生命

生命是我们最珍爱的东西，它是我们所拥有的一切的前提，失去了它，我们就失去了一切。生命又是我们最易忽略的东西，我们对于自己拥有它实在太习以为常了，而一切习惯了的东西都容易被我们忘记。因此，人们在道理上都知道生命的宝贵，实际上却常常做一些损害生命的事情：抽烟，酗酒，纵欲，不讲卫生，超负荷工作，等等。因此，人们为虚名浮利而忙碌，却舍不得花时间来让生命本身感到愉快，来做一些实现生命本身的价值的事情。

往往是当我们的生命真正受到威胁的时候，我们才幡然醒悟，生命的不可替代的价值才凸现在我们的眼前。但是，有时候醒悟已经为时太晚，损失已经不可挽回。

我们应该时时想到，每一个人对于自己的生命，第一有爱护它的责任，第二有享受它的权利。这两方面是统一的。在我看来，世上有两种人对自己的生命最不知爱护也最不善享受，其一是工作狂，其二是纵欲者，他们其实是在以不同的方式透支和榨取生命。

二　生命是最基本的价值

生命是最基本的价值。一个最简单的事实是，每个人只有一条命。在无限的时空中，再也不会有同样的机会，所有因素都恰好组合在一起，来产生这一个特定的个体了。一旦失去了生命，没有人能够活第二次。同时，生命又是人生其他一切价值的前提，没有了生命，其他一切都无从谈起。

由此得出的一个当然的结论是，对于每一个人来说，生命是最珍贵的。因此，对于自己的生命，我们当知珍惜；对于他人的生命，我们当知关爱。

上述道理似乎是不言而喻的。可是，仔细想一想，我们真的珍惜自己的生命和关爱他人的生命了吗？有些人一辈子只把自己当作了赚钱或赚取其他利益的机器，何尝把自己当作生命来珍惜。有些人更是只用利害关系的眼光估量一切他人的价值，何尝有过一个生命对其他一切生命的深切关爱的体验。

所以，在我看来，生命的价值仍是一个需要启蒙的话题。

三　感受生命的奇迹

生命是宇宙间的奇迹，它的来源神秘莫测。按照自然科学的假说，它是地球上物质化学反应的产物，或者是外星的来客。按照基督教的信仰，它是上帝的创造。在生命起源的问题上，我们只有假说和信仰。情况恐怕只能如此，宇宙间自有人类理性不可解开的秘密。

不过，在我看来，生命究竟是自然的产物，还是上帝的创造，这并不重要。重要的是用你的心去感受这奇迹。于是，你便会懂得欣赏大自然中的生命现象，用它们的千姿百态丰富你的心胸。于是，你便会善待一切生命，从每一个素不相识的人，到一头羚羊，一只昆虫，一棵树，从心底里产生万物同源的亲近感。于是，你便会怀有一种敬畏之心，敬

　　　　　　　　　　　　　　|周国平论教育

畏生命，也敬畏创造生命的造物主，不管人们把它称作神还是大自然。

四　倾听生命自身的声音

生命原是人的最珍贵的价值。可是，在当今的时代，其他种种次要的价值取代生命成了人生的主要目标乃至唯一目标，人们耗尽毕生精力追逐金钱、权力、名声、地位等等，从来不问一下这些东西是否使生命获得了真正的满足，生命真正的需要是什么。

生命原是一个内容丰富的组合体，包含着多种多样的需要、能力、冲动，其中每一种都有独立的存在和价值，都应该得到实现和满足。可是，现实的情形是，多少人的内在潜能没有得到开发，他们的生命早早地就纳入了一条狭窄而固定的轨道，并且以同样的方式把自己的子女也培养成片面的人。

我们不可避免地生活在一个功利的世界上，人人必须为生存而奋斗，这一点决定了生命本身的要求在一定程度上遭到忽视的必然性。然而，我们可以也应当减小这个程度，为生命争取尽可能大的空间。

在市声尘嚣之中，生命的声音已经久被遮蔽，无人理会。现在，让我们都安静下来，每个人都向自己身体和心灵的内部倾听，听一听自己的生命在说什么，想一想自己的生命究竟需要什么。

五　不失性命之情

在中国传统哲学中，最重视生命价值的学派应是道家。《淮南王书》把这方面的思想概括为"全性保真，不以物累形"，庄子也一再强调要"不失其性命之情"、"任其性命之情"，相反的情形则是"丧己于物，失性于俗者，谓之倒置之民"。

很显然，在庄子看来，物欲与生命是相敌对的，被物欲控制住的人是与生命的本性背道而驰的，因而是颠倒的人。

自然赋予人的一切生命欲望皆无罪，禁欲主义最没有道理。我们既然拥有了生命，当然有权享受它。但是，生命欲望和物欲是两回事。一方面，生命本身对于物质资料的需要是有限的，物欲决非生命本身之需，而是社会刺激起来的。另一方面，生命享受的疆域无比宽广，相比之下，物欲的满足就太狭窄了。因此，那些只把生命用来追求物质的人，实际上既怠慢了自己生命的真正需要，也剥夺了自己生命享受的广阔疆域。

六　生命质量的两个基本要素

衡量一个人生命质量的高低，可以有许多标准。在一切标准之中，我始终不放过两个最重要的标准，一是看他有无健康的生命本能，二是看他有无崇高的精神追求。在我看来，这是生命质量的两个基本要素。没有健康的生命本能，委靡不振，表明生命质量低下。没有崇高的精神追求，随波逐流，也表明生命质量低下。

我所说的健康的生命本能，不是医学意义上的健康或不生病，而是指一种内在的活力，生命力的旺盛和坚韧，对生命的热爱。这种品质与身体好坏没有直接关系，在一些多病甚至残疾的人身上也可见到。相反，有些体格强壮的人，内在的生命力却可能十分乏弱。

这两个要素其实是密切关联、互相依存的，生命本能若无精神的目标是盲目的，精神追求若无本能的发动是空洞的。它们的关系犹如土壤和阳光，一株植物唯有既扎根于肥沃的土壤，又沐浴着充足的阳光，才能茁壮地生长。

七　生命观与人生意义

最近有一所学校开展生命教育，让我题词，我写了三句话：热爱生命是幸福之源，同情生命是道德之本，敬畏生命是信仰之端。

这三句话，表达了我对生命观与人生意义之关系的看法。人生的意义，在世俗层次上即幸福，在社会层次上即道德，在超越层次上即信仰，皆取决于对生命的态度。

幸福是对生命的享受，对生命种种美好经历的体验，当然要以热爱生命为前提。哀莫大于心死，一个人内在生命力枯竭，就不会再有什么事情能使他感到幸福了。

孟子说："恻隐之心，仁之端也。"亚当·斯密说：同情是道德的根源，由之产生两种基本美德，即正义和仁慈。可见中西大哲皆认为，道德是建立在生命与生命的互相同情之基础上的。同样，道德之沦丧，起于同情心之死灭。

基督教相信生命来自神，佛教不杀生。其实，不必信某一宗教，面对生命的奇迹，敬畏之心油然而生是最自然而然的事情。泰戈尔说："我的主，你的世纪，一个接着一个，来完成一朵小小的野花。"这已经就是信仰了。相反，对生命毫无敬畏之心的人，必与信仰无缘。

八　开展生命教育的迫切性

当今社会上，许多人对生命抱冷漠的态度，苛待和残害生命的现象相当严重。举其显著者，例如：医院认钱不认人，见死不救，恶性医疗事故屡有发生，医疗腐败之所以最遭痛恨，正是因为直接威胁了广大人群生命的权利；矿难频繁，贪官和不法矿主互相勾结，为牟取暴利而置工人的生命于不顾；假药、伪劣食品横行，非法美容业猖獗，不断造成损害性后果；某些执法者、准执法者乃至非执法者滥用私刑，草菅人命；交通肇事者扔下受害人逃逸，甚至故意拖、轧受害人致死；翻开报纸，几乎每天都有凶杀案的报道，其中一些作案缘由之微小与一条命的价值惊人地不相称。

尤其令人担忧的是，冷漠的病菌也侵蚀了孩子们的心灵，校园暴力、青少年凶杀犯罪的案例明显增多。与此同时，孩子们对自己的生命也不知珍惜，中学生、大学生、研究生自杀成了多发现象。

当然，上述现象的原因是复杂的，不能单靠教育来解决。但是，也不能缺少教育。有必要把生命教育作为公民教育的重要内容，从孩子开始，培育生命尊严的意识，善待自己的生命，也善待一切生命。

（2005 年 9 月）

享受生命本身

一

愈是自然的东西，就愈是属于生命的本质，愈能牵动我的至深的情感。例如，女人和孩子。

现代人享受的花样愈来愈多了。但是，我深信人世间最甜美的享受始终是那些最古老的享受。

二

最自然的事情是最神秘的，例如做爱和孕育。各民族的神话岂非都可以追溯到这个源头？

三

情欲是走向空灵的必由之路。本无情欲，只能空而不灵。

四

生命平静地流逝，没有声响，没有浪花，甚至连波纹也看不见，无声无息。我多么厌恶这平坦的河床，它吸收了任何感觉。突然，遇到了阻碍，礁岩崛起，狂风大作，抛起万丈浪。我活着吗？是的，这时候我才觉得我活着。

五

痛苦和欢乐是生命力的自我享受。最可悲的是生命力的乏弱，既无欢乐，也无痛苦。

有无爱的欲望，能否感受生的乐趣，归根到底是一个内在的生命力的问题。

六

健康是为了活得愉快，而不是为了活得长久。活得愉快在己，活得长久在天。而且，活得长久本身未必是愉快。

七

夜里睡了一个好觉，早晨起来又遇到一个晴朗的日子，便会有一种格外轻松愉快的心情，好像自己变年轻了，而且会永远年轻下去。

八

光阴似箭，然而只是对于忙人才如此。日程表排得满满的，永远有做不完的事，这时便会觉得时间以逼人之势驱赶着自己，几乎没有喘息的工夫。

相反，倘若并不觉得有非做不可的事情，心静如止水，光阴也就停住了。永恒是一种从容的心境。

九

没有空玩儿，没有空看看天空和大地，没有空看看自己的灵魂……

我的回答是：永远没有空——随时都有空。

十

"生命"是一个美丽的词，但它的美被琐碎的日常生活掩盖住了。我们活着，可是我们并不是时时对生命有所体验的。相反，这样的时候很少。大多数时候，我们倒是像无生命的机械一样活着。

人们追求幸福，其实，还有什么时刻比那些对生命的体验最强烈最鲜明的时刻更幸福呢？当我感觉到自己的肢体和血管里布满了新鲜的、活跃的生命之时，我的确认为，此时此刻我是世上最幸福的人了。

周国平论教育

第
六
辑

灵
魂
教
育

◎在确定自己的人生目标时，不应该把成功作为首选。首要的目标应该是优秀，其次才是成功。

◎人啊，你要有善良的心、丰富的心灵、高贵的灵魂，这样你才无愧于人的称号，你才是作为真正的人在世间生活。

人人都是孤儿

我们为什么会渴望爱？我们心中为什么会有爱？我的回答是：因为我们人人都是孤儿。

当然，除了极少数的例外，我们每个人降生时都是有父有母的，随后又都在父母的抚养下逐渐长大成人。可是，仔细想想，父母之孕育我们是一件多么偶然的事啊。大千世界里，凭什么说那个后来成为你父亲的男人与那个后来成为你母亲的女人就一定会相识，一定会结合，并且又一定会在那个刚好能孕育你的时刻做爱？而倘若他们没有相识，或相识了没有结合，或结合了没有在那个时刻做爱，就压根儿不会有你！这个道理可以一直往上推，只要你的祖先中有一对未在某个特定的时刻做爱，就不会有后来导致你诞生的所有世代，也就不会有你。如此看来，我们每一个人都是茫茫宇宙间极其偶然的产物，造化只是借了同样是偶然产物的我们父母的身躯把我们从虚无中产生了出来。

父母既不是我们在这个世界上诞生的必然根据，也不能成为保护我们免受人世间种种苦难的可靠屏障。也许在童年的短暂时间里，我们相信在父母的怀抱中找到了万无一失的安全。然而，终有一天，我们会明白，凡降于我们身上的苦难，不论是疾病、精神的悲伤还是社会性的挫折，我们都必须自己承受，再爱我们的父母也是无能为力的。最后，当死神召唤我们的时候，世上决没有一个父母的怀抱可以使我们免于一死。

因此，从茫茫宇宙的角度看，我们每一个人的确都是无依无靠的孤儿，偶然地来到世上，又必然地离去。正是因为这种根本性的孤独境遇，才有了爱的价值、爱的理由。人人都是孤儿，所以人人都渴望有人爱，都想要有人疼。我们并非只在年幼时需要来自父母的疼爱，即使在年长时从爱侣那里，年老时从晚辈那里，孤儿寻找父母的隐秘渴望都始终伴随着我们，我们仍然期待着父母式的疼爱。另一方面，如果我们想到与我们一起暂时居住在这颗星球上的任何人，包括我们的亲人，都是宇宙中的孤儿，我们心中就会产生一种大悲悯，由此而生出一种博大的爱心。我相信，爱心最深厚的基础是在这种大悲悯之中，而不是在别的地方。譬如说性爱，当然是离不开性欲的冲动或志趣的相投的，但是，假如你没有那种把你的爱侣当作一个孤儿来疼爱的心情，我敢断定你的爱情还是比较自私的。即使是子女对父母的爱，其中最刻骨铭心的因素也不是受了养育之后的感恩，而是无法阻挡父母老去的绝望，在这种绝望之中，父母作为无人能够保护的孤儿的形象清晰地展现在了你的眼前。

（1998 年 1 月）

表达你心中的爱和善意

——皮特·尼尔森《圣诞节清单》中译本序

　　这是一本令人感到温暖的书，在一个人性迷失的时代，它试图重新唤起我们对人性的信心。它提醒每一个人：你心中不但要有爱和善意，而且要及时地、公开地表达你心中的爱和善意。这个道理似乎简单，却常常被我们忽视。

　　我们活在世上，人人都有对爱和善意的需要。今天你出门，不必有奇遇，只要一路遇到的是友好的微笑，你就会觉得这一天十分美好。如果你知道世上有许多人喜欢你，肯定你，善待你，你就会觉得人生十分美好，这个世界十分美好。即使你是一个内心很独立的人，情形仍是如此，没有人独立到了不需要来自同类的爱和善意的地步。

　　那么，我们就应该经常想到，我们的亲人、朋友、同学、同事，他们都有这同样的需要。这赋予了我们一种责任：对于我们周围的人来说，这个世界是否美好，在很大程度上取决于我们是否爱他们、善待他们。我们每一个人都有责任给世界增添爱和善意，如同本书的主人公所说，借此"把世界变成一个更好的、值得留恋的地方"。

　　应该相信，世上绝大多数人是善良的，而在每一个善良的人心中，爱和善意原是最自然的情感。可是，在许多时候，我们宁愿把这种情感埋在心里，不向相关的人表达出来。有时候我们是顾不上表达，忙于做自己的事，似乎缺乏表达的机会。有时候我们是羞于表达，碍于一种反向的面子，似乎怕对方不在乎自己的表达甚至会感到唐突。我们中国人在这方面尤其有心理障碍，其根源也许可追溯到讲究老幼尊卑的传统文化，从小生活在连最亲的亲人——父母与子女——之间也缺乏情感语言交流的环境中，使得我们始终不习惯用语言表达情感。

当然，最重要的事情是爱和善意本身，而不是表达。当然，表达有种种方式，不限于语言。然而，不可低估语言的作用。有一个人，也许他正在苦闷中，甚至患了忧郁症，认为自己已被世上一切人抛弃，你的一次充满爱心的谈话就能救他，但你没有救他，他终于自杀了。其实，这样的事经常在发生。当亲友中的某个人去世时，我们往往会后悔，有些一直想对他说的话再也没有机会说了。事实上，每一个人都在不可避免地走向死亡，我们随时面临着太迟的可能性。一切真诚的爱和善意，在本质上都是给予，并不求回报，因此没有什么可羞于启齿的。那是你心中的财富，你本应该及时把它呈献出来，让那个与它相关的人共享。

今天的时代有种种弊病，包括人们过于看重功利，由此导致人情冷漠。我不主张对少年人隐瞒社会的实情，让他们把一切都想象得非常美好，这会使他们失去免疫力，或者陷入幻灭的痛苦。但是，我更反对那种一味引导他们适应社会消极面的实用主义教育。在一定意义上，少年人今天的精神面貌决定了社会明天的面貌。我愿意向少年人推荐本书，是期望他们成为珍惜精神价值的一代，珍惜爱和善意的价值的一代，期望他们每一个人从小就树立本书主人公所表达的信念："如果说学习如何给予爱、获得爱不是这个世界上重要的事，那么我就不知道什么是重要的了。"

（2005 年 9 月）

成功的真谛

在通常意义上，成功指一个人凭自己的能力做出了一番成就，并且这成就获得了社会的承认。成功的标志，说穿了，无非是名声、地位和金钱。这个意义上的成功当然也是好东西。世上有人淡泊于名利，但没有人会愿意自己彻底穷困潦倒，成为实际生活中的失败者。歌德曾说："勋章和头衔能使人在倾轧中免遭挨打。"据我的体会，一个人即使相当超脱，某种程度的成功也仍然是好事，对于超脱不但无害反而有所助益。当你在广泛的范围里得到了社会的承认，你就更不必在乎在你所隶属的小环境里的遭遇了。众所周知，小环境里往往充满短兵相接的琐屑的利益之争，而你因为你的成功便仿佛站在了天地比较开阔的高处，可以俯视从而以此方式摆脱这类渺小的斗争。

但是，这样的俯视毕竟还是站得比较低的，只不过是恃大利而弃小利罢了，仍未脱利益的计算。真正站得高的人应该能够站到世间一切成功的上方俯视成功本身。一个人能否做出被社会承认的成就，并不完全取决于才能，起作用的还有环境和机遇等外部因素，有时候这些外部因素甚至起决定性作用。单凭这一点，就有理由不以成败论英雄。我曾经在边远省份的一个小县生活了将近十年，如果不是大环境发生变化，也许会在那里"埋没"终生。我尝自问，倘真如此，我便比现在的我差许多吗？我不相信。当然，我肯定不会有现在的所谓成就和名声，但只要我精神上足够富有，我就一定会以另一种方式收获自己的果实。成功是一个社会概念，一个直接面对上帝和自己的人是不会太看重它的。

我的意思是说，成功不是衡量人生价值的最高标准，比成功更重要的是，一个人要拥有内在的丰富，有自己的真性情和真兴趣，有自己真正喜欢做的事。只要你有自己真正喜欢做的事，你就在任何情况下都会感到充实和踏实。那些仅仅追求外在成功的人实际上是没有自己真正喜欢做的事的，他们真正喜欢的只是名利，一旦在名利场上受挫，内在的空虚就暴露无遗。照我的理解，把自己真正喜欢做的事做好，尽量做得完美，让自己满意，这才是成功的真谛，如此感到的喜悦才是不掺杂功利考虑的纯粹的成功之喜悦。当一个母亲生育了一个可爱的小生命，一个诗人写出了一首美妙的诗，所感觉到的就是这种纯粹的喜悦。当然，这个意义上的成功已经超越于社会的评价，而人生最珍贵的价值和最美好的享受恰恰就寓于这样的成功之中。

（2000 年 11 月）

成功是优秀的副产品

一

在确定自己的人生目标时，不应该把成功作为首选。首要的目标应该是优秀，其次才是成功。

所谓优秀，是指一个人的内在品质，有高尚的人格和真实的才学。一个优秀的人，即使他在名利场上不成功，他仍能有充实的心灵生活，他的人生仍是充满意义的。相反，一个平庸的人，即使他在名利场上风光十足，他也只是在混日子，至多是混得好一些罢了。

事实上，一个人倘若真正优秀，而时代又不是非常糟，他获得成功的机会还是相当大的。即使生不逢时，或者运气不佳，也多能在身后得到承认。优秀者的成功往往是大成功，远非那些追名逐利之辈的渺小成功可比。人类历史上一切伟大的成功者都出自精神上优秀的人之中，不管在哪一个领域，包括创造财富的领域，做成伟大事业的决非钻营之徒，而必是拥有伟大人格和智慧的人。

一个人能否成为优秀的人，基本上是可以自己做主的；能否在社会上获得成功，则在相当程度上要靠运气。所以，应该把成功看作优秀的副产品，不妨在优秀的基础上争取它，得到了最好，得不到也没有什么。

在根本的意义上，作为一个人，优秀就已经是成功。

二

事业是精神性追求与社会性劳动的统一，精神性追求是其内涵和灵魂，社会性劳动是其形式和躯壳，二者不可缺一。

所以，一个仅仅为了名利而从政、经商、写书的人，无论他在社会上获得了怎样的成功，都不能说他有事业。

所以，一个不把自己的理想、思考、感悟体现为某种社会价值的人，无论他内心多么真诚，也不能说他有事业。

三

在人生中，职业和事业都是重要的。大抵而论，职业关系到生存，事业关系到生存的意义。在现实生活中，两者的关系十分复杂，从重合到分离、背离乃至于根本冲突，种种情形都可能存在。人们常常视职业与事业的一致为幸运，但有时候，两者的分离也会是一种自觉的选择，例如斯宾诺莎为了保证以哲学为事业而宁愿以磨镜片为职业。因此，事情最后也许可以归结为一个人有没有真正意义上的事业，如果没有，所谓事业与职业的关系问题也就不存在；如果有，这个关系问题也就有了答案。

四

我们都很在乎成功和失败，但对它们的理解却很不一样，有必要做出区分。譬如说，通常有两种不同的含义。其一是指外在的社会遭际，飞黄腾达为成，穷困潦倒为败。其二是指事业上的追求，目标达到为成，否则为败。可以肯定，抽象地谈问题，人们一定会拥护第二义而反对第一义。但是，事业有大小，目标有高低，所谓事业成败的意义也就十分有限。我不知道如何衡量人生的成败，也许人生是超越所谓成功和失败的评价的。

五

现在书店里充斥着所谓励志类书籍，其中也许有好的，但许多是垃圾。这些垃圾书的内容无非是两类，一是教人如何在名利场上拼搏，发财致富，出人头地；二是教人如何精明地处理人际关系，讨上司或老板欢心，在社会上吃得开。偏是这类东西似乎十分畅销，每次在书店看到它们堆放在最醒目的位置上，满眼是"经营自我"、"人生策略"、"致富圣经"之类庸俗不堪的书名，我就为这个时代感到悲哀。

"自我"原是代表每一个人最独特的禀赋和价值，认识和实现"自我"一直被视为人生的目的，现在它竟成了一个要经营的对象，亦即谋利的手段。说到"人生"，历来强调的是人生理想，现在"策略"取而代之，把人生由心灵旅程变成了功利战场。"圣经"一词象征最高真理，现在居然明目张胆地把致富宣布为最高真理了。这些语词的搭配本身已是一种亵渎，表明我们的时代急功近利到了何等地步。

励志没有什么不好，问题是励什么样的志。完全没有精神目标，一味追逐世俗的功利，这算什么"志"？恰恰是胸无大志。

六

我对成功的理解：把自己喜欢的事做得尽善尽美，让自己满意，不要去管别人怎么说。

对自己的人生负责

　　我们活在世上，不免要承担各种责任，小至对家庭、亲戚、朋友，对自己的职务，大至对国家和社会。这些责任多半是应该承担的。不过，我们不要忘记，除此之外，我们还有一项根本的责任，便是对自己的人生负责。

　　每个人在世上都只有活一次的机会，没有任何人能够代替他重新活一次。如果这唯一的一次人生虚度了，也没有任何人能够真正安慰他。认识到这一点，我们对自己的人生怎么能不产生强烈的责任心呢？在某种意义上，人世间各种其他的责任都是可以分担或转让的，唯有对自己的人生的责任，每个人都只能完全由自己来承担，一丝一毫依靠不了别人。

　　不止于此，我还要说，对自己的人生的责任心是其余一切责任心的根源。一个人唯有对自己的人生负责，建立了真正属于自己的人生目标和生活信念，他才可能由之出发，自觉地选择和承担起对他人和社会的责任。正如歌德所说："责任就是对自己要求去做的事情有一种爱。"因为这种爱，所以尽责本身就成了生命意义的一种实现，人就能从中获得心灵的满足。相反，我不能想象，一个不爱人生的人怎么会爱他人和爱事业，一个在人生中随波逐流的人怎么会坚定地负起生活中的责任。实

　　　　　　　　　　　周国平论教育

际情况往往是，这样的人把尽责不是看作从外面加给他的负担而勉强承受，便是看作纯粹的付出而索求回报。

一个不知对自己的人生负有什么责任的人，他甚至无法弄清他在世界上的责任是什么。有一位小姐向托尔斯泰请教，为了尽到对人类的责任，她应该做些什么。托尔斯泰听了非常反感，因此想到：人们为之受苦的巨大灾难就在于没有自己的信念，却偏要做出按照某种信念生活的样子。当然，这样的信念只能是空洞的。这是一种情况。更常见的情况是，许多人对责任的关系确实是完全被动的，他们之所以把一些做法视为自己的责任，不是出于自觉的选择，而是由于习惯、时尚、舆论等原因。譬如说，有的人把偶然却又长期从事的某一职业当作了自己的责任，从不尝试去拥有真正适合自己本性的事业。有的人看见别人发财和挥霍，便觉得自己也有责任拼命挣钱花钱。有的人十分看重别人尤其上司对自己的评价，谨小慎微地为这种评价而活着。由于他们不曾认真地想过自己的人生使命究竟是什么，在责任问题上也就必然是盲目的了。

所以，我们活在世上，必须知道自己究竟想要什么。一个人认清了他在这世界上要做的事情，并且在认真地做着这些事情，他就会获得一种内在的平静和充实。他知道自己的责任之所在，因而关于责任的种种虚假观念都不能使他动摇了。我还相信，如果一个人能对自己的人生负责，那么，在包括婚姻和家庭在内的一切社会关系上，他对自己的行为都会有一种负责的态度。如果一个社会是由这样对自己的人生负责的成员组成的，这个社会就必定是高质量的有效率的社会。

(2001 年 7 月)

人的高贵在于灵魂

　　法国思想家帕斯卡尔有一句名言："人是一枝有思想的芦苇。"他的意思是说，人的生命像芦苇一样脆弱，宇宙间任何东西都能致人于死地。可是，即使如此，人依然比宇宙间任何东西高贵得多，因为人有一颗能思想的灵魂。我们当然不能也不该否认肉身生活的必要，但是，人的高贵却在于他有灵魂生活。作为肉身的人，人并无高低贵贱之分。唯有作为灵魂的人，由于内心世界的巨大差异，人才分出了高贵和平庸，乃至高贵和卑鄙。

　　两千多年前，罗马军队攻进了希腊的一座城市，他们发现一个老人正蹲在沙地上专心研究一个图形。他就是古代最著名的物理学家阿基米德。他很快便死在了罗马军人的剑下，当剑朝他劈来时，他只说了一句话："不要踩坏我的圆！"在他看来，他画在地上的那个图形是比他的生命更加宝贵的。更早的时候，征服了欧亚大陆的亚历山大大帝视察希腊的另一座城市，遇到正躺在地上晒太阳的哲学家第欧根尼，便问他："我能替你做些什么？"得到的回答是："不要挡住我的阳光！"在他看来，相对于他在阳光下的沉思，亚历山大大帝的赫赫战功显得无足轻重。这两则传为千古美谈的小故事表明了古希腊优秀人物对于灵魂生活的珍爱，他们爱思想胜于爱一切，包括自己的生命，把灵魂生活看得比任何外在的事物包括显赫的权势更加高贵。

　　珍惜内在的精神财富甚于外在的物质财富，这是古往今来一切贤哲

　　　　　　　　　　　　　　　　　　│周国平论教育

的共同特点。英国作家王尔德到美国旅行，入境时，海关官员问他有什么东西要报关，他回答："除了我的才华，什么也没有。"使他引以自豪的是，他没有什么值钱的东西，但他拥有不能用钱来估量的艺术才华。正是这位骄傲的作家在他的一部作品中告诉我们："世间再没有比人的灵魂更宝贵的东西，任何东西都不能跟它相比。"

其实，无须举这些名人的事例，我们不妨稍微留心观察周围的现象。我常常发现，在平庸的背景下，哪怕是一点不起眼的灵魂生活的迹象，也会闪放出一种很动人的光彩。

有一回，我乘车旅行。列车飞驰，车厢里闹哄哄的，旅客们在聊天、打牌、吃零食。一个少女躲在车厢的一角，全神贯注地读着一本书。她读得那么专心，还不时地往随身携带的一个小本子上记些什么，好像完全没有听见周围嘈杂的人声。望着她仿佛沐浴在一片光辉中的安静的侧影，我心中充满感动，想起了自己的少年时代。那时候我也和她一样，不管置身于多么混乱的环境，只要拿起一本好书，就会忘记一切。如今我自己已经是一个作家，出过好几本书了，可是我却羡慕这个埋头读书的少女，无限缅怀已经渐渐远逝的有着同样纯正追求的我的青春岁月。

每当北京举办世界名画展览时，便有许多默默无闻的青年画家节衣缩食，自筹旅费，从全国各地风尘仆仆来到首都，在名画前流连忘返。我站在展厅里，望着这一张张热忱仰望的年轻的面孔，心中也会充满感动。我对自己说：有着纯正追求的青春岁月的确是人生最美好的岁月。

若干年过去了，我还会常常不由自主地想起列车上的那个少女和展厅里的那些青年，揣摩他们现在不知怎样了。据我观察，人在年轻时多半是富于理想的，随着年龄增长就容易变得越来越实际。由于生存斗争的压力和物质利益的诱惑，大家都把眼光和精力投向外部世界，不再关注自己的内心世界。其结果是灵魂日益萎缩和空虚，只剩下了一个在世界上忙碌不止的躯体。对于一个人来说，没有比这更可悲的事情了。我暗暗祝愿他们仍然保持着纯正的追求，没有走上这条可悲的路。

（1996 年 10 月）

第一重要的是做人

　　人活世上，除吃睡之外，不外乎做事情和与人交往，它们构成了生活的主要内容。做事情，包括为谋生需要而做的，即所谓本职业务，也包括出于兴趣、爱好、志向、野心、使命感等等而做的，即所谓事业。与人交往，包括同事、邻里、朋友关系以及一般所谓的公共关系，也包括由性和血缘所联结的爱情、婚姻、家庭等关系。这两者都是人的看得见的行为，并且都有一个是否成功的问题，而其成功与否也都是看得见的。如果你在这两方面都顺利，譬如说，一方面事业兴旺，功成名就，另一方面婚姻美满，朋友众多，就可以说你在社会上是成功的，甚至可以说你的生活是幸福的。在别人眼里，你便是一个令人羡慕的幸运儿。如果相反，你在自己和别人心目中就都会是一个倒霉蛋。这么说来，做事和交人的成功似乎应该是衡量生活质量的主要标准了。

　　然而，在看得见的行为之外，还有一种看不见的东西，依我之见，那是比做事和交人更重要的，是人生第一重要的东西，这就是做人。当然，实际上做人并不是做事和交人之外的一个独立的行为，而是蕴涵在两者之中的，是透过做事和交人体现出来的一种总体的生活态度。

　　就做人与做事的关系来说，做人主要并不表现于做的什么事和做了多少事，例如是做学问还是做生意，学问或者生意做得多大，而是表现在做事的方式和态度上。一个人无论做学问还是做生意，无论做得大还是做得小，他做人都可能做得很好，也都可能做得很坏，关键就看他是怎么做事的。学界有些人很贬薄别人下海经商，而因为自己仍在做学问就摆出一副大义凛然的气势。其实呢，无论商人还是学者中都有君子，也都有小人，实在不可一概而论。有些所谓的学者，在学术上没有自己真正的追求和建树，一味赶时髦，抢风头，唯利是图，骨子里比一般商人更是一个市侩。

从一个人如何与人交往，尤能见出他的做人。这倒不在于人缘好不好，朋友多不多，各种人际关系是否和睦。人缘好可能是因为性格随和，也可能是因为做人圆滑，本身不能说明问题。在与人交往上，孔子最强调一个"信"字，我认为是对的。待人是否诚实无欺，最能反映一个人的人品是否光明磊落。一个人哪怕朋友遍天下，只要他对其中一个朋友有背信弃义的行径，我们就有充分的理由怀疑他是否真爱朋友，因为一旦他认为必要，他同样会背叛其他的朋友。"与朋友交而不信"，只能得逞一时之私欲，却是做人的大失败。

做事和交人是否顺利，包括地位、财产、名声方面的遭际，也包括爱情、婚姻、家庭方面的遭际，往往受制于外在的因素，非自己所能支配，所以不应该成为人生的主要目标。一个人当然不应该把非自己所能支配的东西当作人生的主要目标。一个人真正能支配的唯有对这一切外在遭际的态度，简言之，就是如何做人。人生在世最重要的事情不是幸福或不幸，而是不论幸福还是不幸都保持做人的正直和尊严。我确实认为，做人比事业和爱情都更重要。不管你在名利场和情场上多么春风得意，如果你做人失败了，你的人生就在总体上失败了。最重要的不是在世人心目中占据什么位置，和谁一起过日子，而是你自己究竟是一个什么样的人。

（1996 年 10 月）

善良·丰富·高贵

如果我是一个从前的哲人，来到今天的世界，我会最怀念什么？一定是这六个字：善良，丰富，高贵。

看到医院拒收付不起昂贵医疗费的穷人，听凭危急病人死去，看到商人出售假药和伪劣食品，制造急性和慢性的死亡，看到矿难频繁，矿主用工人的生命换取高额利润，看到每天发生的许多凶杀案，往往为了很少的一点钱或一个很小的缘由夺走一条命，我为人心的冷漠感到震惊，于是我怀念善良。

善良，生命对生命的同情，多么普通的品质，今天仿佛成了稀有之物。中外哲人都认为，同情是人与兽的区别的开端，是人类全部道德的基础。没有同情，人就不是人，社会就不是人待的地方。人是怎么沦为兽的？就是从同情心的麻木和死灭开始的，由此下去可以干一切坏事，成为法西斯，成为恐怖主义者。善良是区分好人与坏人的最初界限，也是最后界限。

看到今天许多人以满足物质欲望为人生唯一目标，全部生活由赚钱和花钱两件事组成，我为人们的心灵的贫乏感到震惊，于是我怀念丰富。

丰富，人的精神能力的生长、开花和结果，上天赐给万物之灵的最高享受，为什么人们弃之如敝屣呢？中外哲人都认为，丰富的心灵是幸福的真正源泉，精神的快乐远远高于肉体的快乐。上天的赐予本来是公平的，每个人天性中都蕴涵着精神需求，在生存需要基本得到满足之后，这种需求理应觉醒，它的满足理应越来越成为主要的目标。那些永远折腾在功利世界上的人，那些从来不谙思考、阅读、独处、艺术欣赏、精神创造等心灵快乐的人，他们是怎样辜负了上天的赐予啊，不管他们多么有钱，他们是度过了怎样贫穷的一生啊。

看到有些人为了获取金钱和权力毫无廉耻，可以干任何出卖自己尊严的事，然后又依仗所获取的金钱和权力毫无顾忌，肆意凌辱他人的尊严，我为这些人的灵魂的卑鄙感到震惊，于是我怀念高贵。

高贵，曾经是许多时代最看重的价值，被看得比生命还重要，现在似乎很少有人提起了。中外哲人都认为，人要有做人的尊严，要有做人的基本原则，在任何情况下都不可违背，如果违背，就意味着不把自己当人了。今天的一些人就是这样，不知尊严为何物，不把别人当人，任意欺凌和侮辱，而根源正在于他没有把自己当人，事实上你在他身上也已经看不出丝毫人的品性。高贵者的特点是极其尊重他人，他的自尊正因此得到了最充分的体现。人的灵魂应该是高贵的，人应该做精神贵族，世上最可恨也最可悲的岂不是那些有钱有势的精神贱民？

我听见一切世代的哲人在向今天的人们呼唤：人啊，你要有善良的心、丰富的心灵、高贵的灵魂，这样你才无愧于人的称号，你才是作为真正的人在世间生活。

善良，丰富，高贵——令人怀念的品质，人之为人的品质，我期待今天更多的人拥有它们。

（2006 年 8 月）

周国平论教育

第
七
辑

向
教
育
提
问

◎大学教育的核心问题是要有一批心灵高贵、头脑活跃的学者，而体制优劣的标准就在于能否吸引这样的学者。

◎是以导师的课题为中心，还是以学生的学位论文为中心，其间有天大的区别，前者是学生为导师打工，后者是导师为学生服务。

为中国今天的教育把脉

——评杨东平《中国教育公平的理想与现实》

近十来年，中国教育领域的弊端有目共睹，引起了广泛的质疑乃至"声讨"。变本加厉的应试教育，从小学开始的沉重升学压力和功课负担，激烈的择校竞争，高收费、乱收费和严重的腐败，义务教育的名存实亡，失学儿童和贫困生的大量出现，如此病象纷呈，其症结究竟何在？如何从一团乱麻中理出一条线索，找出补救的措施，进而校正改革的方向？许多有识之士对此进行了严肃的讨论，而杨东平的《中国教育公平的理想与现实》正是这方面的一部力作。

杨东平是一位长期关注教育问题的学者，人们经常听见他发出清醒的声音。在本书中，他从探讨教育公平问题切入，凭借道德良知和理性思考，在分析统计资料和进行实证调查的基础上，对当今教育领域的诸多弊病及其症结做出了清晰的、有说服力的诊断。

教育公平的缺失有一个演进的过程，其中，起决定作用的是重点学校制度和"教育产业化"改革。作者指出，早在上世纪 50 年代，我国就建立了城乡二元、重点学校和非重点学校二元的等级化公共教育体制，形成了影响我国教育公平的最基本的制度结构。然而，学校等级化的加剧，却是上世纪 90 年代中期以来实行"教育产业化"改革的结果。这一改革被研究者称作"单纯财政视角的教育改革"，指在教育经费严重不足的背景下，以增长和效率为主要追求的改革。作者认为，它已成为当前影响教育公平最重要的制度性因素，因而对之着重做了剖析，在我看来也是全书最具现实批判力度的章节。

从政策和实践看，"教育产业化"的具体做法，在中等教育阶段主要是公办学校转制，"名校办民校"，例如把名牌中学的初中部变成高收费的"改制学校"。在高等教育阶段，主要方式是办高收费的"二级学院"、"独立学院"，近些年来更是片面追求数量和规模，用房地产开发模式兴建新校区和"大学城"。大学扩招使得普通高中成为瓶颈，在中考竞争远比高考激烈的新态势下，中等教育进一步出现大规模的两极分化，如同作者所说，少数豪华学校与大量贫困学校并存，已经成为基础教育畸形化的一道荒唐、乖张的风景线。

"教育产业化"的实质不是市场化，而是混淆了市场化改革与公共治理改革。一方面，该改的不改，政府高度行政化的治理方式、对学校的直接微观控制、垄断教育资源的方式皆未变；另一方面，不该改的却改了，公立学校用靠纳税人的钱提供的公共产品设租寻租，将其变成需要花钱购买的服务，向社会、家长强势地攫取经济资源，并架空了弱势阶层和人群享受公共服务的机会和权利。教育产业的主体本应是民办教育，在"名校办民校"的极端不公平竞争中，真正的民校不但步履维艰，而且大面积死亡，假民办扼杀了真民办。同时，公办教育本身成了腐败的温床，公众对教育的评价降至20年来最低点，教育成为民怨沸腾的"暴利行业"和"腐败重地"。教育支出成了中国民众的沉重负担，占人均收入的比例可能是世界上最高的。每年新生入学时节，屡有贫困生或家长因缴不起学费而自杀的悲惨案例发生，聚焦了教育不公平的严峻现实。在社会贫富差距加大的背景下，教育本应发挥社会平等制衡器的作用，现在却蜕变成了凝固和扩大阶层差距的工具。

在当今种种教育乱象之中，"择校热"格外令人瞩目，大多数家长都身不由己地被卷入其中，为之恐慌。义务教育和基础教育阶段的择校竞争是一个最典型的案例，让人们看到了"教育产业化"是如何进一步扩大学校的两极分化的。作者指出，在利益驱动下，当下"择校热"呈现以下特点：第一，面特别广，已从重点中学蔓延到普通中学，从大中城市蔓延到县城和农村地区；第二，低龄化，择校竞争从高中下移到初中，进而下移到重点小学、重点幼儿园；第三，小学阶段出现炽烈的"奥校热"、"考证热"，极大地损害了儿童的身心；第四，择校生的比例越来越大，在城市重点学校占学生总数的四分之一甚至一半，收费越来越高，已相当于大学学费。正是依靠把所谓"民营机制"引入公立中学，在基础教育阶段用钱购买教育机会的做法得以大规模的合法化，变成了一种"市场规则"，构成了家长们不得不就范的刚性机制，并形成了少数名校、强校的巨大寻租空间。

那么，在教育不公平的演进中，应试教育扮演了什么角色呢？作者简明地指出："应试教育与重点学校互为推动，基础教育进入了这样的恶性循环：单一价值和培养模式的应试教育、升学竞争导致对重点学校的择校需求，择校热导致学校差距继续拉大，学校差距过大又导致择校竞争和应试教育更为激烈，如此反复震荡。"其实，重点学校的优势也是以应试教育为前提的，主要是凭借考入重点高校的升学率而抬高了其门槛和身价。我们不妨设想，倘若改变了以统一试卷和标准答案为特征的现行高考方式，还会不会有今天这样挤破门庭的择校狂热？由此我们也可明白应试教育何以如此难以改变的缘由了。当然，应试教育在我国已存在了几十年，只是在实行"教育产业化"的近十来年，它才发生了如此巨大的威力。由此可见，应试教育，重点学校制度，"教育产业化"，这三者在今天已形成互相支撑和促进的格局，而"教育产业化"所起的作用尤其恶劣，导致了早已有之的应试教育和学校等级制度变本加厉。

倘若要进一步探究"教育产业化"的由来，我们就不能不问责政府。作者认为，短缺和失衡是两个制度性问题。一方面，教育投入的总量不足，低于许多比中国穷的国家，反映了政府对于教育的态度。另一方面，教育经费的分配不合理，等级化学校制度是在政府或明或暗的倡导和支持下才得以存在并发展的。事实上，"教育产业化"一直是在政府的许可下进行的。在此过程中，地方政府、教育主管部门、重点学校结成了利益共同体。改变中国教育不公平的现状，千难万难，最大的困难是在这里。

按照我的理解，本书在相当程度上是在向政府建言。作为一个纯正的学者，杨东平既有正义感和责任心，又有科学的、理性的、建设性的态度。我期待本书会引起政府和教育界一切有识之士的重视与思考，对于改善我国教育不公平的状况将发生其应有的积极作用。

（2007 年 12 月）

导师岂能成"老板"

在中国的高校中，研究生把自己的导师称呼为"老板"，已是相当普遍的现象。如此称呼，倘若只是顽皮的戏称，或只是对时尚的表面追随，倒不足为虑。但是，情况看来并非如此。事实上，"老板"称呼在校园里流行开来，有着非常实在的原因，反映了师生关系的某种令人担忧的变化，因此值得我们重视。

当研究生们如此称呼自己的导师时，所表达的是一种打工者的心态，更确切地说，是对自己打工者地位的一种认识。在相关调查中，研究生们对此并不讳言。现在，导师申报课题，然后让学生为其查资料、做调查或实验、写书稿、完成课题，甚至分派学生做各种杂事和家务，决非个别现象。这样做时，导师会从课题经费中拿出一个零头，支付给所"雇佣"的"廉价劳动力"。相关"成果"出版时，学生也许能获得在老师名字后面署名的荣幸，也许只好充当无名英雄。许多研究生表示，他们愿意为老师做事，只希望所做的事情有一定学术含量，能够真正学到一些东西，可惜情况往往不是这样。然而，为了拿到学位和文凭，他们只好接受这种"包身工"的地位。

导师之成为"老板"，一凭手中有决定学生能否毕业的权力，二凭手中有经费。现在的大学教师全然不是从前的贫寒书生了，尤其是那些现行体制的宠儿，除了高额津贴外，还有更高额的课题经费。一个众所周知的事实是，近些年来，在中国，教育和科研经费的投入有了大幅度增加，其中相当一部分通过课题立项的方式发放到了教师个人名下。让我们在这里停留一下，因为正是课题经费的运转机制与今日教育的现状——包括导师变成"老板"——之间有着微妙的联系。

在行政主导的体制下，行政部门掌握着审批课题项目及经费的权力。在审批中，种种非学术的因素，包括申报者的职位、人际关系、公关本领等等，不可避免地会发生作用。然后，按照同样的行政主导逻辑，又以能否得到项目和所得到项目的级别为标准，来衡量教师的科研能力。例如，前不久，吉林大学让 45 名博导下岗，所根据的正是这样的标准。据报道，该大学规定，博导必须承担国家、省部级科研课题或主持其他重要项目，有必要的科研经费，文科项目经费必须每年在三千元以上。在许多大学，通行的是类似的规则。拿不到课题就下岗，或者虽然未必下岗，至少学术地位低下；越是经常拿到课题，课题的级别越高，经费越多，学术地位就越高，这样的评价机制当然会促使教师们竭力向行政权力靠拢，把心思用在争项目和经费上。那些不善于或不屑于这样做的教师，即使有良好的科研能力或教学成绩，仍会被无情地淘汰。

很显然，这样一种机制所鼓励的，不会是脚踏实地的学术研究。竞争中的优胜者，为了保持其优胜地位，必须尽可能快速地完成所拿到的课题，即所谓"结项"，以便投入下一轮的争夺战，不断拿到新的课题。快速完成课题的最现成办法就是让学生们去做，于是，导师成了"包工头"，专管拿项目，学生则成了替老师干活的"劳动力"。研究生扩招为此提供了便利条件，使导师有了充裕的"劳动力"。如今，一个导师带几十个研究生是常事，俨然一个大作坊。有的导师担任官职，容易拿到大项目，自己又是忙人，就更要靠学生来替他完成项目了。

如此制造出来的"成果"究竟有多大价值，应是不难想见的。近年来，学术著作抄袭的丑闻时有曝光，往往还引发了著作权官司，其中不乏上述师生作坊中生产出来的产品。学生反正是在替老师干活，能偷懒就偷懒，有的是能力所限，只好找捷径，还有的可能是恶作剧式的报复。

即使老师亲自制作，若以多拿课题为目标，同样不免会粗制滥造，甚或投机取巧。有识之士业已指出，与教育和科研经费大量投入适成对照的是，在同时期，我国教育和科研的水平却明显下降。例如，菲尔兹奖华人唯一得主丘成桐指出：虽然经费大量增加，这十年来北大数学院培养的学生素质比十年前相差很远。国家图书馆前馆长任继愈指出：国家图书馆收存的各学科博士论文水平逐年下降。中国科学院前院长周光召指出：增选院士的总体水平一届不如一届。回顾整个生产线，大量课题经费换来的结果竟是大量学术垃圾，以及一部分教师的"先富起来"。当然，更严重的后果是，在"逼良为娼"、"劣胜优汰"的机制下，我们的教师队伍正在发生可怕的蜕变，一届届学生被耽误了，长此以往，真会毁掉我们的教育。

"老板"称呼的流行仅是一个表征，令人痛心的是它所反映的教师职业的异化和师生关系的功利化之趋势。教育原是神圣的精神事业，师生关系本应是最纯粹、最具精神性的关系。现在人们讨论大学改革，依我看，大学教育的核心问题就是要有一批心灵高贵、头脑活跃的学者，靠他们去影响学生，而体制优劣的标准就在于能否吸引和保护这样的学者。怀特海指出："大学存在的理由是，它使青年和老年人融为一体，对学术进行充满想象力的探索，从而在知识和追求生命的热情之间架起桥梁。"人们不禁要问：在今日的大学中，这样一种美好的师生关系到哪里去寻找，大学又如何来证明其存在的理由？罗素说：教师爱学生应该胜于爱国家和教会。针对今日大学里的情况，我要强调：更应该胜于爱职称和经费。爱学生是教师的第一职业道德，学生是办学校的理由之所在，教师永远要把学生看作目的而不是手段。事实上，对于教师人品和教学的优劣，学生基本上是心中有数的。因此，在评聘教师包括博导时，除了同行评议外，理应更多地听取学生的心声，把那些在心智上真正能给学生以良好熏陶，因而受到学生欢迎的教师选拔上来，而不是像现行体制下时常发生的这样，竟然因为他们拿不到课题就把他们淘汰掉。

（2006 年 1 月）

叩问高校经费收支的实情

　　今年1月5日，武汉市中级人民法院审理了湖北大学原副校长李金和涉嫌受贿一案。在此之前，湖北省纪委通报了近三年来包括李金和在内十名高校贪官的典型案例。高校领导干部经济犯罪的问题由此浮出水面，引起广泛关注。

　　目前被揭露的主要是主管基建和后勤的官员，这方面的经费收支是硬性的，有账可查，问题比较容易暴露。我们不能不想到，高校还有大量软性的经费收支，其中是否也存在着腐败现象。比如说，高校经费中有一大块是科研经费，其分配时暗箱操作严重，"小项目大审，大项目小审，超大项目不审"，助长了权力寻租、"跑部钱进"、行贿受贿等行为，早已引起教育和科研界正直人士的不满。在分配到课题组或个人之后，经费的使用也缺乏有效的管理，相当一部分实际上变成了个人的灰色收入。按照惯例，一个项目拿到手，个人可以从相关经费中"合法地"提成，其余部分也可以用与科研无关的个人消费单据报账。有时候，往往是在年终，为了结清旧项目和拿到新项目，还会出现突击花钱的情景。至于项目的结项，基本上是走过场，并不需要拿出真正经得起检验的成果。丘成桐院士曾经沉痛地指出：中国这十年来在教育和科研上投了不少钱，投进去以后，却不问成果如何。他举例说：有些人同时在几所大

166　　　　　　　　　　　　　　　　｜周国平论教育

学任职，从不同途径获得大量科研经费，但没有做多少科研工作；北大聘的某著名教授在国内得到的年薪已达一百万以上，却没有履行工作合同，大部分时间根本不在国内。

上述情况表明，加强对高校经费收支的管理和监督，已是刻不容缓之事。去年，国家审计署把教育经费纳入审计范围，实为有的放矢之举。在审计中，不但要清查贪污腐败等犯罪行为，更要清查经费支出的效益，即是否真正用于教育和科研并取得成绩。《审计法》规定，审计监督的内容为"财政收支和财务收支的真实、合法和效益"。李金华审计长最近强调对效益进行审计的重要性，指出：由于决策失误、管理不善，造成效益低下、损失浪费等，这类问题带来的危害有时不亚于贪污腐败。教育领域并不例外，何处对效益漠不关心，何处就为贪污腐败提供了可乘之机。

当然，审计只能起检查和监督的作用，根本解决问题还要靠体制的改革和完善。现行官本位体制的一大弊病是鼓励在位者搞形象工程、政绩工程，而形象工程、政绩工程是最不问效益的，也是最喜欢做出慷国家之慨的"大手笔"的。近些年来形象工程在教育界蔓延的趋势不容低估，决不亚于一些地方政府部门。各地高校通过大合并打造所谓"航空母舰"，争相把院系提级升格，以好几倍的规模急剧扩大招生，纷纷标榜创办世界一流大学，所追求的恰恰是形象而不是效益。衡量教育的效益，第一标准是教育质量，亦即所培养出的合格人才和优秀人才的数量。大量资金投进去，如果产出的只是大校舍、大招牌、大编制，教育质量却降低了，从教育上看就是低效益、大浪费。同样，在科研的管理上，把大量财力投在并无相应社会效益或学术价值的大项目上，用完成项目和发表论著的数量证明领导学术的政绩，其实也是一种形象工程，至于所产出的是真正的成果还是学术垃圾，就非所关心的了。

去年十一月，北京大学主办第二届北京论坛，邀请老布什出场。据报道，举办该论坛共花费一百万美元，其中十分之一花在老布什的出场费上。老布什做了二十分钟演讲，最重要的一句话是："如果中国能够和平崛起，我就对这个世界充满信心。"（《南方周末》2005 年 11 月 24 日）十万美元，多么昂贵的一句话！当时读到这个报道，我立刻想到的是那些贫困大学生，如果这笔钱用来救助他们，可以使几十人顺利完成学业啊。这些年来，在学界和政界，举办论坛成风，以请到国外名流为荣，一次论坛动辄耗资百万、千万，有的甚至上亿，其中多数效益究竟如何大可质疑，很可能只是一种新形式的形象工程罢了。

问题的严重性在于，中国是一个发展中国家，虽然近些年政府财政预算对教育的投入有大幅度增加，但即使与其他发展中国家相比也仍是偏低的。与此同时，在市场化的名义下，近些年高校收费普遍上涨。高校经费由两块组成，一是国家财政的投入，二是向学生收费。2003 年的统计数字是，前者约 700 亿元，后者约 400 亿元。一个相对贫穷的国家，无论是纳税人的钱，还是学生家长缴的钱，都来之不易，本应扎扎实实用于教育，容不得挥霍。由于学费上涨，加上社会贫富差距扩大，高校贫困生的大量存在已经成为一个严重社会问题，城市贫民和普通农民家庭的子女即使考上大学也无望筹到高额学费，学生家长为此自杀的悲剧时有发生，许多贫困生不得不在入学前放弃或在入学后中断学业，顽强坚持者也往往被债务所困，为维持生存而苦苦挣扎。面对这种情况，我们更应要求高校经费收支做到透明、合理、有效，真正取之于民用之于民。说到底，学生是学校的主体，是办学的理由和目的之所在。因此，在经费的收支上，一方面尽量减轻学生的经济负担，另一方面尽量向学生提供优质的教学和服务，原是当然的道理。我们至少可以相信，如果遏制了经费使用中的腐败、浪费和灰色薪酬，把这些钱用在学生身上，高校贫困生的人数会减少，日子会好过一些。

（2006 年 2 月）

研究生为导师"打工"很不正常

我在 1 月 15 日《新京报》上发表《导师岂能成"老板"》一文，对现在大学里导师让研究生为自己打工的现象提出批评。1 月 22 日，《新京报》刊登李宝元先生《研究生为导师"打工"很正当》一文，对我的观点表示异议。近几天我把我的文章贴在新浪博客上，引起较大反响，有许多赞同的，也有一些反对的。这使我感到，有必要就这个话题继续阐明我的看法。

李先生在文章中说："研究生跟随导师做课题是'研究生'的题中之义，是他们'天经地义'的分内工作和责任义务，是他们'上研究生'即研究生教育本身必须经过的'教学研究环节'。"针对我批评"导师申报课题，然后让学生为其查资料、做调查或实验、写书稿、完成课题"，他认为：让学生做这些事是很正常的，因为"任何科研项目都需要从这些最基本、最基础的工作开始"。博客上也有类似的评论，认为在导师指导下做这些事"才符合研究生的定义"，"故从某种角度来说研究生应该就是帮老师干活的'劳动力'"。

有一点是清楚的：我当然不会反对研究生在导师指导下从事查资料、做调查或实验、写论文等基本的训练，我反对的是这些事情都围绕着导师的课题来做，把跟随导师做课题作为培养研究生的基本方式。

我的理由之一是，如果导师对于申报课题这件事是认真的，所申报的课题就应该是以他本人长期的知识积累和学术兴趣为基础的，是他的整体研究计划的组成部分。因此，严格地说，这个特定的课题只有他自己能够完成，别人无法代劳。在学术研究中，即使像查资料这样的工作亦决非纯粹工具性、技术性的，在对资料的选择、阅读、甄别、整理的过程中贯穿着紧张的思考，它同时就是研究者形成、拓展、修正思路和解决问题的过程。根据我的经验，我不能想象，如果不是自己查资料，我该怎么研究所选定的论题，如果让别人或学生替我查资料，我又怎么能放心。一般来说，导师的水平应该比学生高许多，如果导师所申报的课题可以主要由学生来完成，我们就有理由怀疑他的学术水平，或者怀疑他所申报的课题的学术价值。不应该把学者的科研课题降低到学生作业的水准，这个道理不言而喻。我不排除有的学生确有能力和兴趣参加导师的课题，在这种情况下，就应该如实地把他们当作合作者而不是打工仔，并给予他们以合作者的待遇。

我的更重要的理由是，研究生在校期间的主要任务是培养独立思考和研究的能力，为在相关专业领域从事研究工作打下扎实的基础。为了实现这个目标，研究生培养理应以学生为本位，根据每个学生的知识结构和兴趣方向制定相应的教学和指导方案。这不是什么难事，事实上，十几年前在中国，现在在许多国家，导师带学生的基本方式一向是以学生的学位论文为中心，把主要精力用在指导学生做论文上。正是在写论文的过程中，学生得到了查资料、做调查或实验、写作等基本的训练。是以导师的课题为中心，还是以学生的学位论文为中心，其间有天大的区别，前者是学生为导师打工，后者是导师为学生服务。李先生责问："不跟导师做课题，来'上研究生'干什么？"其实真正应该问的问题是：不尽心尽力指导学生做论文，招研究生干什么？我读博士生时，导师也有自己的研究计划，但从来不需要我为之做任何事，相反，对于我所选定的论文题域，他虽已相当熟悉，仍为指导我而做了大量阅读和思考，把为学生服务视为自己"天经地义的分内工作和责任义务"。曾几何时，学生为导师打工成了"天经地义的分内工作和责任义务"，真令人感慨世道之巨变。我不否认，打工也能学到一点东西，但是，做什么不能学到一点东西呢？国家投入这么多钱，学生自己花费这么多钱和精力，学到这一点东西就够了吗？

综上所述，我的看法是，研究生培养应该回到导师指导学生写学位论文这个基本方式上来，至于导师的课题，原则上应视为导师自己的事，由导师自己去完成。现在要这样做，肯定会遇到困难。困难之一是，有些导师有太多课题要做，不让学生打工，自己哪里做得过来。可是，这算什么困难呢？做不过来就少申请一点，量力而行，本来就应该只申请自己真正感兴趣而又力所能及的课题。困难之二是，研究生水平普遍太低，用李先生的话说，许多学生连"打工能力"也没有，要指导他们写出高水平学位论文谈何容易。同时，现在一个导师往往带许多学生，哪里指导得过来？这个困难是由这些年的盲目扩招造成的，所以解决的方法也很简单，就是制止盲目扩招，一方面保证招生的质量，另一方面也使招生的规模符合导师的指导能力。请不要以研究生的数量会供不应求为理由来反驳，就研究生而言，市场需要的是有独立研究能力和创新能力的人才，而不是一大批有学历的打工者。

学生为导师打工，导师会从课题经费中拿出一些给学生作为劳务费。据我了解，一个工科研究生每天从早到晚在实验室里干活，一个月可领到二百至三百元。多数学生对此不满，但也有学生表示，这一点收入对于自己是重要的，而给老师打工总比打别的工有益。知道了这些情况，我感到难过。若干年前，所有研究生不但不需要缴费，而且有助学金，无须为生活发愁。这些年来，大学里的一个明显变化是，老师富多了，学生穷多了。也许这是有些学生只好为老师打工的一个原因，但我不认为这是正常的。教育经费的使用应该向学生倾斜，而倘若通过收缩招生和削减课题节省了开支，给每个研究生发放助学金或奖学金，使他们都能专心于学业，就是完全可以办到的事了。

(2006 年 2 月)

让家长们结束恐慌

又一个新学年开始了。女儿上小学，这学期升三年级。放暑假前，听说她班上许多家长争相替自己的孩子报名，上各种名目的特长班，有的同时报了四种不同的班，而目的竟是为四年后的"小升初"做准备。"小升初"，就是小学升初中，原是义务教育范围内顺理成章的事情，怎么会让人如此惶恐不安，以至于要在小学三年级就开始做准备？我感到不可思议，就上网搜索，键入"小升初"，找到"小升初网"，才发现其中大有名堂。

按照规定，小升初的原则是"免试就近入学"。但是，原则只是原则，改变不了一个强硬的事实，就是教育资源的分配不平衡，那些拥有雄厚资源的重点学校、名牌学校便成了人心所向。既然允许择校，家长们就趋之若鹜，即使要收取昂贵的择校费，名额仍供不应求。在这种情况下，这类学校就用招收特长生的办法来缓解矛盾。这个办法的妙处是，还可以借势自办或与社会培训机构合办相应的特长班，成为创收的新门路。近些年来，特长生招生的数量和规模逐年增长。对于家长们来说，若想让孩子上好学校，获取各种特长证书是最重要的途径，于是大家一窝蜂地挤在这条道上。据报道，北京市今年的小学毕业生中，家长选择择校的几近半数。特长生测试的那几天，相关学校门口"送子赶考"的场景十分壮观。事实上，家长们心里很无奈，多数是抱着侥幸的心理，带着孩子赶场似的一天跑好几所学校，希冀能被其中的一所相中。由于特长证书是考核的主要凭据，证书的级别和数量就成了录取的关键。有记者看到，在某校报名处，一个家长手里拿着孩子的四十多份证书，引得其他家长羡慕不已，后悔给孩子拿证书拿得太少。可以想象，现场的这种攀比本身是最有力的广告，会促使各种特长班的生意越来越兴旺。

除了小升初的特长生招生，中考和高考也有各种名堂的加分政策，其中包括给在文艺、体育、科技等方面获奖的特长生加分。前不久，新华社、《中国青年报》等媒体揭露，在执行加分政策的过程中出现了钱权交易、作弊造假等问题，这些媒体因此发出"不能让加分成为腐败通道"的呼吁。据上海《新闻晨报》报道，在这个暑期里，上海甚至兴起了一种专门传授"加分秘籍"的培训班，学费高达三万元，仍吸引了不少家长。

当我面对这些荒谬的现象时，最令我悲哀的是由之反映出的中国家长的普遍恐慌心理。从上小学开始，多数家长就在为孩子将来的逐级考学而恐慌了，直到孩子考上大学，恐慌才告一段落。这种情况在中国可谓史无前例，在当今世界上大约也绝无仅有。正是在这种恐慌心理的支配下，家长们不断做出非理性的选择，眼下千军万马涌向所谓特长生这座独木桥的荒唐情景只是其中一例。音乐、绘画、体育这些才能，从一个方面来看，是特殊的天赋，只有少数人适合于以之为专业；从另一个方面来看，又是全面发展的人的基本素质，每一个人都可以以之为自己的爱好。把所谓特长的考核纳入应试教育体制，其结果一方面是使艺术教育、体育的性质发生了扭曲，把它们由人的天性自由发展的形式蜕变成了应试的工具；另一方面则在原已过于沉重的功课之外又给孩子们增添了新的负担。

家长们之所以普遍产生恐慌心理，根源是今天的教育体制。其中主要的因素是：第一，学校类型单一化，就业与高学历挂钩，上大学几乎成为正常就业的唯一途径；第二，能否上大学和上怎样的大学又取决于高考，高考的威力自上而下笼罩各级教育，高考录取率成为中等教育的唯一目标和评价标准，应试教育得以全面贯彻；第三，重点学校凭借优势资源成为"高考能校"，又以此为资本进行权力寻租，巧立各种名目敛财。这些环节彼此联结，形成了一种逼迫学生和家长进行恶性竞争的态势，于是恐慌弥漫开来。在相当程度上，可以说是一些教育机构在利用现行体制有意地制造恐慌，借以牟利。事实上，围绕着各级升学考试，已经形成了一个巨大的产业，包括针对中小学生的各种补习班、特长班，针对各级考试直至考研究生的辅导班，泛滥成灾的教辅和考辅书籍及材料。这个产业至少很大一部分是不折不扣的垃圾产业，且不说大量以赚钱为唯一目的的粗制滥造和弄虚作假，即使是所谓"名师"讲授的辅导班和编写的辅导材料，高明之处也无非是押题猜题有一套，与真正的智力教育风马牛不相及。这样一个产业得以兴旺，恰恰证明了现行考试制度的可悲。这是一个寄生在现行考试制度上面的产业，我仿佛看到，在通向高考的窄路上，从小学到中学，关卡林立，商贩密布，强迫或诱骗行人留下买路钱，受害的当然是广大学生及其家长。

那么，为了让家长们结束恐慌，根本的办法还是要革除现行教育体制的弊端。不过，我想在这里强调，对于弊端的革除，家长们也有一份责任。事实上，你们的恐慌也助长了弊端的肆虐，二者之间有一种共谋关系。我要向你们讲两个很简单的道理。第一，在恐慌心理的支配下，你们驱策孩子学各种班，互相攀比，这样做只会在总体上加剧不良竞争，而被录取的人数不会增加，结果多数孩子的班是白学了，获利的只是办班的机构。第二，即使你的孩子在不良竞争中获胜，付出的代价也太大，牺牲掉的是童年的幸福。从长远来看，孩子将来是否有出息，身心的健康生长远比一纸文凭重要。所以，你们自己要保持清醒，拒绝恐慌，拒绝不良竞争，倘若中国的多数家长都有这样的觉悟，现行教育体制想不变也难了。

（2006 年 8 月）

　周国平论教育

快乐工作的能力

　　中央电视台经济频道开展"年度雇主调查"活动，并以"快乐工作"为本次雇主调查的年度主题和核心价值观。我觉得"快乐工作"是一个有意思的题目，愿意谈一谈我的理解。

　　我们在这个世界上生活，快乐是人人都想要的东西。不过，在多数情况下，快乐与工作好像没有什么关系。相反，人们似乎只有在工作之外才能找到快乐，下班之后、双休日、节假日才是一天、一周、一年中的快乐时光。当然，快乐是需要钱的，为此就必须工作，工作的价值似乎只是为工作之外的快乐埋单。

　　工作本身不快乐，快乐只在工作之外，这种情况相当普遍，但并不合理，因为不合人性。

　　什么是快乐？快乐是人性或者说人的需要得到满足的一种状态。人性有三个层次。一是生物性，即食色温饱之类生理需要，满足则感到肉体的快乐。二是社会性，比如交往、被关爱、受尊敬的需要，满足则感到情感的快乐。三是精神性，包括头脑和灵魂，头脑有进行智力活动的需要，灵魂有追求和体悟生活意义的需要，二者的满足使人感到的是精神的快乐。

　　精神性是人的最高属性，正是作为精神性的存在，人与动物有了本质的区别。同样，精神的快乐是人所能获得的最高快乐，远比肉体的快乐更持久也更美好。对于那些禀赋优秀的人来说，这一点是不言而喻的，如果让他们像一个没有头脑和灵魂的东西那样活着，他们宁可不活。获得精神快乐的途径有两类：一类是接受的，比如阅读、欣赏艺术品等；另一类是给予的，就是工作。正是在工作中，人的心智能力得到了积极实现，人感受到了生命的最高意义。如同纪伯伦所说：工作是看得见的爱，通过工作来爱生命，你就领悟了生命的最深刻秘密。

当然，这里所说的工作不同于仅仅作为职业的工作，人们通常把它称作创造或自我实现。但是，就人性而言，这个意义上的工作原是属于一切人的。人人都有天赋的心智能力，区别在于是否得到了充分运用和发展。现在我们明白快乐工作与不快乐工作的界限在哪里了：仅仅作为谋生手段的工作是不快乐的，作为人的心智能力和生命价值的实现的工作是快乐的。用马克思的话说，前者是一个必然王国，后者是一个自由王国。

毫无疑问，在现实生活中，我们都还必须为谋生而工作。最理想的情况是谋生与自我实现达成一致，做自己真正喜欢做的事情，同时又能借此养活自己。能否做到这一点，在一定程度上要靠运气。不过，我相信，在开放社会中，一个人只要有自己真正的志趣，终归是有许多机会向这个目标接近的。就个人而言，最重要的还是要有自己真正的志趣，机会只可能对这样的人开放。也就是说，一个人首先必须具备快乐工作的愿望和能力，然后才谈得上快乐工作。

正是在这方面，今天青年人的情况令人担忧。中华英才网发起的"中国大学生最佳雇主调查"表明，在大学生对雇主的评价中，摆在首位的是全面薪酬和品牌实力两个因素。择业时考虑薪酬不足怪，我的担心是，许多人也许只有这一类外在标准，没有任何内心要求，对工作的唯一诉求是挣钱，挣钱越多就越是好工作，对于作为自我实现的工作毫无概念，那就十分可悲了。

事实上，工作的快乐与学习的快乐是一脉相承、性质相同的，基本的因素都是好奇心的满足、发现和创造的喜悦、智力的运用和得胜、心灵能力的生长等。一个学生倘若在学校的学习中从未体会过这些快乐，在走出学校之后，他怎么可能向工作要求这些快乐呢？学校教育的使命是让学生学会快乐地学习，为将来快乐地工作打好基础。能够快乐地学习和工作，这是精神上优秀的征兆。说到底，幸福是一种能力，它属于那些有着智慧的头脑和丰富的灵魂的优秀的人。首先要成为一个优秀的人，而只把成功看作优秀的副产品。不求优秀，只求成功，求得的至多是谋生的成功罢了。

毋庸讳言，今日的学校乃至整个社会存在着严重的急功近利倾向，对于培养快乐学习和工作的能力不是一个有利的环境。把大学办成职业培训场，只教给学生一些狭窄的专业知识，结果必然使大多数学生心目中只有就业这一个可怜的目标，只知道作为谋生手段的这一种不快乐的工作。这种做法极其近视，即使从经济发展的角度看，一个社会是由心智自由活泼的成员组成，还是由只知谋生的人组成，何者有更好的前景，答案应是不言而喻的。对于企业来说也是如此，许多企业已经强烈地感觉到，那些只有学历背景和专业技能、整体素质差的大学生完全不能适合其发展的需要。教育与市场直接挂钩，其结果反而是人才的紧缺，这表明市场本身已开始向教育提出质疑，要求它与自己拉开距离。教育应该比市场站得高看得远，培养出人性层面上真正优秀的人才，这样的人才自会给社会——包括企业和市场——增添活力。

近几年来，国内若干人才中介机构和媒体相继举办雇主调查和雇主品牌评选活动，这样的活动无疑是有意义的。不过，我认为，其意义不应限于促进雇主与求职者之间的沟通，更重要的意义也许在于调查研究人才供需脱节的问题及原因，促使人们对今天流行的教育观、人才观、价值观进行深刻的反省。

（2005 年 10 月）

周国平论教育

第八辑

教育讲演录

◎教育就是育人，就是要把学生培育成真正的人，亦即人的宝贵禀赋都得到发展的人，而不是仅仅能够满足社会上、市场上某种需要的人。

◎教育不是强行把一些能力从外面放到人这个容器里面去，这些能力在人性中本来就已经存在了，教育只是提供一个良好的环境，让它们正常地生长。

人文精神与教育

一　教育的目标是实现人的价值

我今天的讲演题目是"人文精神与教育"，因为在座的都是大学生和研究生，面对同学们，我想从人文精神的角度着重谈一谈我对教育的理解。

同学们一路拼搏，终于进了大学，当然都是抱有一定的目的的。究竟要达到什么目的呢？为什么要上大学？想从大学得到什么？可能许多同学最主要的目的是要拿到文凭，有比较高的学历，当然也要学到一点知识，这些都是谋职的资本，然后能够找到一个好的工作。抱着这样的目的，我觉得无可非议，但还远远不够。如果只有这一个目的，你就仅仅是受了职业培训，不能算是真正受了大学教育。如果大学仅仅做到这一点，大学也只是起了一个职业培训场所的作用，不能算是真正的大学。但是，这正是我们今天大学的现状。我认为中国教育现在的一个严重问题就是太急功近利，大学基本上成了职业培训场，这当然不是学生的问题，而是体制的问题，这种体制使大学变成了职业培训场，迫使学生也把职业培训当成了上学的主要目的甚至唯一目的。那么，怎样的教育才是合格的教育呢？我认为这就要从人文精神来谈了。

现在许多人在谈教育的理念、大学的理念，在我看来，这个理念应该就是人文精神。人文精神是教育的灵魂，它决定了教育的使命、目标和标准，没有人文精神，教育就没灵魂，就是徒有其表的教育。当今教育的种种问题，归结为一点，实际上就是人文精神的失落，而且失落得相当全面。

什么是人文精神呢？我理解的人文精神，简单地说，就是现在人们经常说的"以人为本"。也就是说，要把人放在最重要的位置上，要尊重人的价值。具体到教育上，就是要把人身上的那些最宝贵的价值通过教育实现出来，一种合格的教育就应该是把学生身上那些人之为人的价值放在最重要的位置上的，应该是能够让学生把这些价值实现出来的。教育就是育人，就是要把学生培育成真正的人，亦即人的宝贵禀赋都得到发展的人，而不是仅仅能够满足社会上、市场上某种需要的人。简要地说，人文精神的核心是尊重人之为人的价值。与此相应，教育的根本使命就是要实现人之为人的价值。

那么，人身上到底有哪些价值是最宝贵的，是人文精神所尊重的，因而是教育应该促进它们实现的呢？我认为人身上有三样东西是最宝贵的。第一个是生命，生命对于每个人来说都是最宝贵的，没有生命其他一切都谈不上。第二个是头脑，人是有理性能力的，有智力活动的。第三是灵魂，人是有精神需要、精神追求、精神生活的。所以，与这三样东西相应，为了实现这三样最宝贵的东西的价值，我们就有相应的教育项目。现在与生命相应的教育是体育，我认为范围狭小了一点，应该扩大，成为生命教育。可惜生命教育这个词没有办法简称，简称就成了生育，比体育还狭窄，成了光教你生孩子了。针对头脑的教育，我们有智育，就是智力教育，这个词很准确，但我们现在的做法有问题，我下面再讲。相对于灵魂来说，我们有德育，就是道德教育，我觉得还不够，应该加上美育，也就是审美教育。德育和美育都是灵魂教育，如果说德育的目标是灵魂的高贵，那么美育的目标是灵魂的丰富。因此，我认为在学校里应该有这样四种教育，就是生命教育、智力教育、道德教育和审美教育。

1. 生命教育：实现生命的价值

首先谈一下生命教育。生命教育包括体育，但体育只是生命教育的一个部分。体育就是身体教育，以健康的身体为目标。如果一个人只是身体健康，体格强壮，却不懂得热爱生命，尊重生命，享受生命，健康有什么意义？所以，我主张把体育扩展为生命教育，生命教育的目标是培育对生命的尊重。

生命是最基本的价值，我想这一点是毫无疑问的。人只有一次生命，这个生命是他一生中所有其他价值的基础。有一个学校开展生命教育，请我题词，我题了三句话：热爱生命是幸福之本，同情生命是道德之本，敬畏生命是信仰之本。一个人只有热爱生命，对生活充满兴趣，才有可能感到幸福。那种生命力乏弱的人，心如死灰的人，是不会有什么事情能让他开心的。同情生命是道德之本，这是中西哲学家的共同看法，人类的一切道德都发端于同情心，都建立在同情心的基础之上。对生命怀有敬畏之心，因为生命的奇妙而相信它有着神秘的来源，这是有信仰的人的共通感情。信仰的本质就是相信生命具有某种神圣的性质。无论你信基督教，信佛教，还是什么教也不信，如果你对生命的神秘性有一种领悟，你可能就是一个有信仰的人。

那么，怎样才算尊重生命呢？我想，一个是要珍惜自己的生命。现在学校里屡屡发生中学生、大学生、研究生自杀的事件，当然这里面有社会的原因，包括现行教育体制的问题、应试教育的压力、生存的压力，等等，但也有学生自己的原因，就是把生命看得太轻，一时想不开就结束了自己的生命。尊重生命还包括应该享受生命，上帝给了你唯一的一次生命，干吗不享受啊？从某种意义上说，享乐主义是正确的，活着时不行乐，以后就再没有机会了。生命本身所具有的欲望都不是罪过，禁欲主义是完全违背人性的。有健康的生命本能，能够感受到生命的乐趣，这是人生的强大动力。比如说恋爱，我觉得恋爱就是一种推动人向上的动力。我读初中时暗恋一个女生，使劲在她面前表现自己，为了让她佩服我，毕业时我报考上海最好的中学，就是上海中学，结果考上了。我上大学时，大学生是不准恋爱的，这真是没有道理。当然更不准发生性关系，这种事如果被发现，就必被开除学籍。现在大学生在这方面已经很自由了，不过太自由也有弊病，你可能沉湎在花前柳下，革命意志衰退。所以说我不反对及时行乐，关键是行怎样的乐。快乐有层次的高低，有些人往往沉溺于较低层次的快乐，从来不知道高层次的快乐是什么，真正的享受生命应该更注重高层次的快乐。另外我还想强调，尊重自己的生命，最重要的是要有对自己的生命的责任心，有意义地度过一生。

在尊重自己生命的同时，当然也要尊重他人的生命。刚才我说了，同情心是道德的开端和基础，一个没有同情心的人是不可能讲道德的。在现在社会上，同情心是越来越弱了，善良成了一种稀有品质，这是很可悲的。不但在社会上，而且在大学里，诸如杀人这样的恶性案件也越来越多，包括耸人听闻的马加爵杀人案，最近还发生了复旦学生虐杀流浪猫的事，表现出对生命的冷漠甚至残忍。

所以，我觉得，在学校里开展生命教育，把生命教育作为最基本的人生观教育，不但很有必要，而且十分迫切。如果学校里培养出的人不爱生命，没有人性，无疑是教育的最大失败。教育的第一个目标，应该是使学生成为热爱人生的人，同时也是善良的人。生命教育如何开展，还需要好好研究，基本内容应该是引导学生善待自己的生命，由此推己及人，善待一切生命。这是我要说的第一个点，就是生命教育。

2. 智力教育：实现头脑的价值

第二点是智育，就是智力教育。智育是学校教育的主要任务，学生在学校里的大部分时间是在接受知识方面的教育，所以我对这个问题要着重谈一谈。

智育的目标是实现头脑的价值。现在对智育流行一种狭隘的理解，就是把它仅仅理解为知识的灌输，甚至归结为考试的分数、职业的技能。

头脑的真正价值不在这里，你这样做只是把宝贵的头脑当成了一个容器、一个工具。智育的真正目标应该是让学生的智力得到健康生长，鼓励和培养他们对智力生活的爱好，使他们懂得享受智力生活的快乐。

在人的智力品质中，第一重要的品质是好奇心。人类所有智力活动的形式，比如哲学、科学，都是从好奇心开始的。好奇心是天生的，每个人在智力生长的一定阶段上都会显现出来，实际上是一个人的理性觉醒的征兆。从我的孩子身上，我就看到了这一点。在很小的时候，她就会问很多让人很意外的问题，问得最多的是五岁的时候，还没上小学，上小学后这样的提问就少一些了。所以我认为，从幼儿园到上小学，孩子的哲学水平是下降的（笑声），大约因为越来越接受老师给的现成答案了吧。你们听听她五岁时都问什么样的问题。有一段时间，她经常说我不想长大，又说要是没有时间该多好呀，我估计她是知道了人长大就会变老，她不愿意变老。那些天里，她就老问什么是时间，时间是怎么回事，我怎么跟她讲得清楚？但她自己在那里琢磨，有一天她说：我知道时间是怎么回事了，时间是一阵阵过去的，譬如说刚才我说的那句话，刚才还在，现在不在了，想找也找不回来了，这就是时间。她知道时间一去不返的性质了。还有一回，她问妈妈：世界的外面是什么？妈妈随口说：那还是世界吧。她不满意这个回答，想了一会儿，就说：世界的外面是世界的下一曲。她听 CD，一曲完了还有下一曲，她用这个比方说明世界是无限向外延伸的。还有一回更神了，她问我：爸爸，在世界的另一个地方会不会有另一个我？我一听就毛骨悚然，赶紧打岔说：可能吧，说不定你还会遇到她呢。我是不想让她想这个问题，没想到她听了很生气，说：不会的！然后转过脸对妈妈说：有一天，你老了以后，在世界的另一个地方又会生出一个人来，那个人跟你长得完全不一样，但她就是你。她说的是轮回啊。（笑声，掌声）你们不要以为她是受了我的影响，实际上我非常小心，从来不向她谈这些大问题，这些问题都是在她头脑里自发产生的。有一本书的书名是"孩子都是哲学家"，我完全相信这个论断。你们为人父母之后，留意一下，肯定有一段时间孩子会提大量的这样的问题。现在大人对待孩子这样的提问一般是三种态度：一种是置之不理，一种是顶回去，还有一种是自以为聪明地给孩子一个简单的回答。这些做法都很粗暴，其实所有的哲学问题都是没有答案的，对待孩子这种提问的最好办法就是鼓励孩子继续想。我在这种情况下往往这样说：宝贝，你提了一个特别好的问题，可是爸爸回答不出来，我们一起慢慢想。我觉得孩子的这种好奇心特别可贵，一定要鼓励和保护，决不能挫伤它。

好奇心是非常可贵的，但也很容易被扼杀和磨灭掉。在我看来，好奇心有两个最大的敌人。一个是习惯，往往是随着年龄的增长，对一些事物见多了，习以为常了，就自以为懂了，其实哪里是懂了，不过是麻木了罢了！真要你讲出其中的道理，就讲不出来了。好奇心还有一个更大的敌人，就是功利心。出于好奇心提的问题大多是无用的，但是关系到人的灵魂，我们往往因为它们无用就认为它们没有什么意义，就把它们 pass 掉，这种功利心不知扼杀掉了多少好奇心！我觉得我们的教育就有这样一个问题，不光是教育，我们的文化都有这个特点，就是实用性，无论对什么事物，首先就问有没有用。我看过一个笑话，我觉得编得很有意思。在一个国际夏令营里，老师让孩子们讨论一个问题，题目是"世界粮食匮乏问题"，孩子们都不明白这个题目，但原因不同。美国孩子问：什么是世界？他太狂了，美国就是一切，不知道美国之外有世界。非洲孩子问：什么是粮食？他太穷了，没有见过粮食。欧洲孩子问：什么是匮乏？他太富了，不知道有匮乏这种事。中国孩子问什么呢？他问：什么是问题？这是讽刺中国孩子没有好奇心，我觉得基本上符合事实。

从好奇心这一点来看教育，在教育中，兴趣是非常重要的，是教育第一要保护和鼓励的东西。杜威说，兴趣是一个人的能力的可靠征兆。事实也是这样，你做什么事情特别感兴趣，那你肯定在这个方面是有天赋的。学习有没有成效，关键是有没有兴趣。一个人在学习和研究自己感兴趣的东西时，精神处在一个非常快乐的状态，他真正是在享受。享受什么？就是享受智力活动本身的快乐。在这个时候，心智的运用本身就是快乐，就成了最大的快乐源泉。这就是古希腊人所看重的智性的快乐。一个善于享受这种快乐的人，他的心智始终处于活泼状态，这样的人是最容易出成就的。事实上，对世界充满兴趣是天才的主要品质。人们常常说天才就是勤奋，并且以为勤奋就是死用功，其实完全不是这样，他是太喜欢他所做的事情了，欲罢不能，在旁人看来他就是很勤奋，其实他是在享受，但是你不知道！（笑声，掌声）所以，教育最重要的任务就是要培养和保护学生的兴趣。看一个学生的智力素质好不好，第一个尺度就是看他对事物有没有好奇心，对知识有没有兴趣。具体的兴趣点是可变的，在一段时间里，你也许对某个领域、某个问题更感兴趣，以后又转移到另一个领域和问题。但是，充满兴趣的状态是一贯的，享受智性快乐的状态是一贯的，只要你能保持这样的状态，要你不出成就也难。

智力品质的另一个要素是独立思考的能力。所谓独立思考的能力，就是对于任何理论、说法，你都要追问它的根据，在弄清它有无根据之前，你要存疑。笛卡儿所说的怀疑一切，意思就是对未经独立思考过的一切要存疑，这其实是思想者的必备品质。爱因斯坦把独立思考能力称作人的内在自由，并且认为教育的目标就在于培育这种内在的自由，而不在于灌输特定的知识，不在于培养专家。他说专家无非是训练有素的狗。（笑声）如果你仅仅在某个狭窄的领域里受过良好的训练，具备相关的专业知识，你当然可以算是一个专家，但用这个标准看，一条训练有素的狗也可以算是一个专家。拥有独立思考能力的人对一切知识处于支配的地位，训练有素的狗则被它所受到的训练所支配，这是二者的分界线。

那么，从独立思考的能力这一点看，具体到教育上，我认为就是要培养自主学习的能力。教育最重要的任务，第一是培养学生对知识的兴趣，第二是培养学生自主学习的能力。作为大学生，尤其是研究生，你必须有这个清醒的意识，千万不要把注意力放在学习死的知识上。你要学会自己安排自己的学习，知道自己要朝哪个方向钻研，应该看些什么书。自主学习是一切有成就的人的共同特点，他们都必定是具备这个能力的。举爱因斯坦为例，我认为他非常了不起，他不仅是一个大科学家，而且是一个哲学家、教育家，他对人类的智力品质和灵魂都有非常透彻的了解。在他去世前一个月，他的母校苏黎世理工大学百年庆典，请他写了一篇纪念文章。在这篇文章里，他没有吹捧母校而是批评母校，也批评整个教育制度。他说：从入学开始我就发现，按照学校的教育方式，我不可能成为好学生，因为成为好学生就意味着要认真听讲，要做很多作业，而我是不可能这样做的。所以，我当时就下定决心，满足于做一个中等成绩的学生，而把大量时间用于"以极大热忱在家里向理论物理学的大师们学习"。所以，爱因斯坦虽然上了大学，他实际上是自学的。毕业后，他又拒绝了学校的留校邀请。他说：如果留校的话，我就不得不去写大量的论文，结果便是变得浅薄。他在一个专利局找了一份差事，做一个小公务员，干了七八年，用业余时间研究理论物理学，他自己说那是他一生中最富于创造性的时期，为此感到极大幸福，他的相对论就是在这段时间里产生的。

我相信，各个领域里的杰出人物都是这样的，他们的成才史都是向教育争自由的历史。作为一个学生，你无法改变现行的教育体制，但是如果你足够优秀，你就完全不必跟着这个体制走，你可以最大限度地保持对它的独立性。在我看来，一切教育归根到底都是自我教育，一切学习归根到底都是自学。我很赞成一句话：学习就是学会学习。你学会了学习，有了自主学习的能力，这是一笔终生财富，一辈子受用不尽。有成就的人都是终身自学者，不需要老师，永远在自学。英国哲学家怀特海说过一句话：什么是教育？教育就是把你在课堂上学的东西全部忘记了，把你为考试背的东西全部忘记了，那剩下的东西就是教育。如果你什么也没有剩下，就意味着你完全没有受过教育，白上了学。（笑声）那剩下的东西是什么呢？就是自主学习的能力。用怀特海的话来说，最重要的东西是智力活动的习惯和融入身心的原理，至于那些具体的知识，如果你不用，是很容易忘记的，如果你要用，又是随时可以查到的。大家不妨想一想，自己在学校里是不是把工夫都用在那种很容易忘记又随时可以查到的东西上了，如果是这样，就太亏了。怀特海主张，应该像一个无知的人那样思考。说得真是精辟，不管你已经拥有多少知识，都当它们不存在，你的头脑永远直接面对事物本身，这正是一个具有独立思考能力的人的基本状态。

关于智育，我还想强调一点，就是智力生活的非功利性。爱因斯坦说：欧洲的伟大传统是为了知识自身的价值尊重知识。我们可以看到，这个传统从古希腊就开始了。毕达哥拉斯发现了勾股定理，为此举行百牛宴，杀了一百头牛来庆祝。在当时，发现了这个原理有什么用啊？任何物质上的好处都不可能有，他感觉到的完全是智力活动得到胜利的巨大喜悦。把心智的运用、知识的获得看作最大快乐，看作目的本身，这确实是欧洲的传统，马克思也不例外。马克思心目中的理想社会也就是共产主义社会是怎么样的？仅仅是物质的极大丰富吗？完全不是。那是一个自由王国，用他的话来说，这个自由王国是存在于物质生产领域的彼岸的。到那个时候，人的一切活动不是为了外在的目的，不是为了物质的生产，而是为了发展人的能力，人发展和享受自己的能力这本身就是目的。按照马克思的设想，那时候必要劳动时间缩短到了最低限度，整个社会只需要花很少时间就能够满足自身的物质需要了，剩下的绝大部分时间都是自由时间，这些时间用来搞什么呢？用来搞艺术、科学、哲学这些精神活动，人人都是这样，只为了自己的喜欢，只做自己喜欢的事，这才是理想的共产主义社会。

物理学诺贝尔奖获得者丁肇中有一段话讲得非常好。在一次讲座时，有学生问他：丁教授，你现在的研究有什么经济价值？他回答说：我不知道。但是，诺贝尔物理学奖第一届和第二届分别奖给了电子和 X 光的发现者，这两项发明在当时都没有什么经济价值。同样，后来的量子力学和原子物理学在产生时都被认为是花钱最多而最没有经济效益的。他说：科学最重要的是兴趣，是为了满足好奇心，而不是为了名利，这个利也包括经济价值。我相信，不管哪个领域的大师，都一定有这样一种眼光和态度。智力活动本身就是快乐，就是人的高级属性的满足，你为什么非要把高级属性的满足落实到，实际上是降低为低级属性的满足即所谓有用呢？所谓有用，不就是吃好、穿好、住好嘛，不就是物质丰富一点嘛！人为什么只想去满足自己的低级属性，不肯去满足自己的高级属性呢？为什么要用低级属性的满足为标准来判断高级属性的价值呢？这不是颠倒了吗？

很多人问中国为什么出不了世界级的大师。虽然有获得诺贝尔物理学奖的中国人，但他们都是在国外受的教育，如果一直待在国内，恐怕就不会有这个成就。我觉得根本的原因就是我们太实用，什么东西都要问有没有用，这是我们传统文化的一个大弱点。如果一个民族尊重精神本身的价值，纯粹出于兴趣从事精神事业的人越多，那个民族就会成为肥沃的土壤，越容易出大师。所以，我认为，我们应该改变我们文化的实用性品格，形成一种全民族尊重精神价值的氛围，那样才会有希望。

总之，智育的目标应该是培养好奇心、纯粹的兴趣和非功利的探索精神，培养独立思考、自主学习和享受智性快乐的能力，这是智力教育的本义，而不仅仅是灌输知识，当然更不仅仅是培养职业技能。

3. 灵魂教育：实现灵魂的价值

我把灵魂与头脑、心灵生活与智力生活区别开来。人有一个头脑，这是可以看见的，而灵魂是看不见的，你问我灵魂在身体的哪个部位，我说不出来。但是，我认为灵魂与头脑是有区别的，人对美和爱的需要，对意义的需要，这些都不能用头脑来解释，我只能说来自灵魂。套用柏拉图对于知、情、意的分类，可以说头脑是知，也就是理性，灵魂是情和意，也就是情感和意志。情感是审美性质的，意志是道德性质的，与此相应，灵魂的教育可以相对地区分为美育和德育。美育的目标是造就丰富的灵魂，使人有丰富的情感体验和内心生活，德育的目标是造就高贵的灵魂，使人有崇高的精神追求，二者合起来，灵魂教育的目标就是心灵的健康生长，实现灵魂的价值。

谈到美育，现在许多家长好像很重视孩子的艺术教育，给孩子报各种班，学各种技能，弹钢琴呀，画画呀，但出发点极其功利，无非是为了孩子将来多一条路可走。这是很糟糕的，违背了美育的本义，结果只能是败坏孩子对艺术的感觉。艺术是最自由、最没有功利性的精神活动，掺杂进功利的考虑，就不是艺术了。美育也决不限于学一点吹拉弹唱或者画画的技能，它的范围广泛得多，凡是能陶冶性情、丰富心灵的活动都是审美教育。我把美育归入灵魂教育，我认为这一点很重要，美育是对灵魂的教育，对心灵的教育，它的目标是灵魂的丰富，是体验美和爱的能力。

那么，怎样才能使灵魂丰富呢？欣赏艺术，欣赏大自然，情感的经历和体验，这些都很重要。除此之外，我提两点一般性的建议。一个是要养成过内心生活的习惯。上面谈智力教育时，我说人应该养成过智力生活的习惯；现在谈灵魂教育，就是要养成过心灵生活的习惯，优秀的人应该有这两种习惯。我们平时总是在和别人一起聊天、谈话、办事，但是人应该留一点时间给自己，什么事也别做，什么人也不见，和自己的灵魂在一起，这叫独处。静下来，想一想人生的问题，想一想自己的生活状况，想一想所经历的人和事。现在的世界太喧闹太浮躁了，人们都生活在表面，生活在外部世界里，我觉得这很可悲。这个时代大家都很看重交往的能力，这次我来四川，在北京机场的书店里看到一本书，书名叫"能说会道者赢"，我一看就感到别扭，能说会道也就是做一个推销员罢了，那算什么成功！我承认交往是一种能力，但独处是一种更重要的能力，缺乏这种能力是更大的缺陷。一个人不喜欢自己，和自己在一起就难受，这样的人肯定是没有内涵的，他对别人也不会有多大益处，他到别人那里去对别人只是一种打扰。（笑声）一些没有自己心灵生活的人在一起，他们之间的交往就无非是利益关系，就会互相争夺和打仗。

另一个建议是读书，读好书。不能光读专业书，还要读一些与专业无关的书，即罗素所说的"无用的书"。文科有很好的条件，因为"有用的书"与"无用的书"是统一的。一定要读好书。我比较爱读书，但还是有许多好书没有来得及读，也许永远来不及读了，这是特别大的遗憾。当你读了从古希腊以来的哲学人文经典，你会发现这是莫大的享受，如果没有读，你是蒙受了多大的损失，可是正因为没有读，你还不知道自己蒙受了这么大的损失。人类的精神宝库属于每一个人，向每一个人敞开着，你不走进去享受里面的珍宝，就等于你把自己的权利放弃了，那是何等可惜。

最后谈德育。我觉得对德育也一直有一种狭隘的理解，就是把它仅仅看成一些规范的灌输，比如集体主义、爱国主义、诚实、守纪律之类。智育限于知识，美育限于技能，德育限于规范，都是舍本求末。和美育一样，德育也应该是对灵魂的教育，目标是实现灵魂的价值。人的灵魂应该是丰富的，也应该是高贵的，前者是美育的目标，后者是德育的目标。

从人性看，道德有两个层次。一个是人的社会性层次，道德是维护社会秩序的手段。另一个是人的精神性层次，道德是灵魂的追求。这两个层次都不可缺少，但精神性的层次是更为根本的。康德说，人能够为自己的行为立法，就是说的这个层次的道德。人有超越于生物性的精神性，它是人身上的神性，意识到自己身上有这个神性部分，并且按照它的要求来行动，这是道德的本义。这个真正意义上的道德，它的基础是人身上的神性，是人的灵魂的高贵，它是真正自律的。如果没有这个基础，只在社会层面上谈道德，道德就仅仅是维护社会秩序和处理人际关系的手段，是一种功利性的东西，是他律。我们进行道德教育，应该从根本入手，使人们意识到人的灵魂的高贵，在行为中体现出这种高贵。什么是灵魂的高贵呢？就是有做人的尊严，有做人的原则，在任何情况下都不做亵渎人身上的神性的事。一个人为了满足物欲而百无禁忌，不择手段，只能说明他身上的神性已经泯灭，只剩了兽性，就已经不是人了。事实上，那些做出了道德沦丧之事的人，他们有一个共同之处，就是不知人的尊严为何物。

关于教育的目标，我就讲到这里。总的来说，我认为教育应该远离功利和实用，贯彻人文精神，教育的目标应该是培养健康、善良的生命，活泼、智慧的头脑，丰富、高贵的灵魂，如果这样，我们的教育就真正成功了。

二 教育机构的使命和今日教育的问题

1. 教育机构的使命

上面我从人文精神的角度讲了教育的目标，就是要把人身上那些最宝贵的价值实现出来。事实上，人身上这些最宝贵的东西，包括人的智力品质和心灵品质，在一定意义上都是人性中固有的。每一个人，从他出生以后，这些东西都已经以萌芽状态存在于他的身上了，有了合适的环境，它们就会生长。所以，我特别赞成卢梭提出的一个观点，就是教育即生长。教育不是强行把一些能力从外面放到人这个容器里面去，这些能力在人性中本来就已经存在了，教育只是提供一个良好的环境，让它们正常地生长。

我完全相信教育就是生长，这一点我在我女儿身上看得特别清楚。我女儿现在七岁，她四岁认字，五岁能看书，那时候还没有上学，这个过程我觉得特别有意思。每天晚上，她妈妈给她读一点诸如《格林童话》那样的经典童话书籍，她非常爱听。有一天，她问妈妈：书上都是字，故事在哪里？（笑声）我们没法跟她解释清楚。后来她逐渐识了一点字，识字的过程非常自然，她有时候看光盘，就会跟着声音看字幕，有时候妈妈带她出去，她就会问妈妈招牌上是什么字，这样一来她逐渐地、零零星星地认识了一些字。后来有一回，妈妈晚上给她念了一段故事，第二天发现她自己拿着故事书在念，其实大部分字她还不认识，但她养成了这个习惯，妈妈读的故事她第二天就自己去看，这样认识的字越来越多。有一天，她对妈妈说：妈妈，你不要给我念了，你念了我再读就没有意思了。你看，认字这个过程，需要我们去强迫她吗？根本不需要！其实每个孩子都有这样一种能力，但是如果你强迫他，他就会反感。通过这个事例，我真的看到人的很多能力是天生的，教育只是给它环境让它生长出来。

对于卢梭提出的教育就是生长的观点，杜威做了进一步的阐发，他说：这意味着生长本身就是目的，并不是在生长的前头另外还有一个目的，比如说将来适应社会、谋求职业、做出成就之类。我觉得杜威讲得非常到位。那些谋职之类的东西当然不是不要，但它们不是生长的目的，只要你生长得好，成为一个优秀的人，那些东西自然能够解决。所以，我们不应该用狭隘的功利尺度来衡量教育。用什么尺度衡量教育呢？应该用人性的尺度，看教育是否使学生的天性和与生俱来的能力得到了健康生长，包括同情心、好奇心、思考和感受的能力等等。换一种说法，也可以说是人生的尺度，教育应该为幸福而有意义的人生打下良好的基础。怎样才算打好这个基础了呢？非常简单，就是看受教育者现在的生活是不是幸福而有意义。用生长的眼光看，人生的每个阶段都有自身的价值，每个阶段的价值都应该得到实现。有一种流行的错误观点，就是把学生时代仅仅看作人生的一个准备阶段，它的全部价值似乎只是为将来走上社会做准备。我们今天的教育基本上是在这个错误观点的支配之下，以未来的名义无情地剥夺孩子们的童年和青春。卢梭说：为了某个不确定的未来而剥夺现在，这种做法是残酷的。依我看，这种做法其实也剥夺了未来，一个人在童年和青年时代过得不幸福，他的那个不确定的未来就凶多吉少了。另外，我觉得还应该用精神的尺度来衡量教育，大学要培养的是优秀的头脑和灵魂，在这个意义上就是精神贵族，不只是所谓有用人才，有知识的打工者。大学大学，大人之学，什么是"大人"？就是精神高贵的人，精神贵族。当然，我们也应该用社会的尺度衡量教育，但这个社会尺度应该是广阔的而不是狭隘的。罗素说：由本性优秀的男女组成的社会肯定是一个好社会。如果社会的成员都受过真正良好的教育，他们的本性和能力都得到健康的生长，那么，他们互相之间就必定能够较好地理解和欣赏，在这样一个社会里，人的高级属性就能够最大限度地得到尊重和发扬。相反，如果在学校里只是学一点知识和技能，学生一心想的是谋一个好职业，精神上贫乏而狭隘，那么，在他们走上社会之后，人与人之间就只有低水平的竞争，由这样的人组成的当然不是一个好社会。

从教育就是生长的观点看，教育机构和教育者的使命是什么？就是为生长提供最好的环境。所谓最好的环境，我认为有两个方面，一个是自由，一个是好老师。用植物的生长比方，自由就是充足的阳光水分，教师就是园丁。

如果说内在禀赋的生长是内在自由的拓展，那么，教育就是要为这个生长提供外在的自由。外在自由的第一个含义是自由时间。在希腊文中，学校一词的意思就是闲暇。在希腊人看来，到学校上学就意味着从日常事务中摆脱出来，有充裕的闲暇，可以无所事事地体验和沉思了，正是在这样的无所事事之中，人的心智能力得到了生长。这次在成都，我发现成都人的日子过得很悠闲，闲暇时间很多，看来成都人的教育状况非常好。（笑声，掌声）不过搓麻将还是太多了一些，如果能匀一点时间给自己的头脑和灵魂就更好了。卢梭有一个谬论：最重要的教育原则是不要爱惜时间，要浪费时间。不过，他有他的道理，他说：误用光阴比虚掷光阴损失更大，教育错了的儿童比未受教育的儿童离智慧更远。今天我们许多家长和老师唯恐孩子虚度光阴，驱迫着他们做无穷的作业，不给他们留出一点儿玩耍的时间，自以为这就是尽了做家长和老师的责任。卢梭会问你：什么叫虚度？快乐不算什么吗？整天跑跑跳跳不算什么吗？如果满足天性的要求就算虚度，那就让他们虚度好了。仔细想一想，卢梭多么有道理，我们今日的所作所为其实正是在逼迫孩子们误用光阴。外在自由还有一个含义，就是思想和言论的自由，在学校里就是学术自由，学校要为学生的独立思考和自主学习提供一个宽松、宽容的环境。

最好的环境的另一个方面是好的教师。事实上，在学校里，教师构成了学生学习的最重要的环境。大学教育的核心问题是要有一批心灵崇高、头脑活跃的学者，通过他们去影响学生。林语堂曾经说，在牛津和剑桥，那些教授们是怎么教学生的？他们把学生叫来，一边抽着烟斗，一边天南海北地聊，学生被他们的烟和谈话熏着，就这么熏陶出来了。

（笑声）教师当然要传授知识，但是更重要的是他们本身素质所形成的一种氛围，这种氛围对学生有更本质的影响。什么叫好学校？一个大学有一批好教师，就是好大学，一个学科有一两个好教师，就是好专业。现在大家都说要创办一流大学，据我看，所谓一流大学就是有一流的教师，有好的体制把一流的教师吸引来，让他们充分发挥作用。你只是圈大地盘，盖大校舍，算什么一流大学！什么是名校？就是有一个懂教育、具慧眼的名校长，凝聚了一批人品和学问都好的名教授，带出了真正优秀的学生。比如说，人们津津乐道的蔡元培时期的北大，吴宓领导的清华国学院，好就好在这里。你只是靠名校的招牌录取考分高的学生，你的体制却是压制和排斥品学皆好的教师，让一些平庸功利之徒在那里折腾，算什么名校！素质好的学生到了你那里，也会被败坏，或者愤而退学。

总之，大学能够为学生提供的最好的东西，一个是自由宽松的环境，一个是品学皆优的教师，有了这两样东西，就不愁培养不出优秀的人才。优秀的人才是生长成的，不是训练成的。教育应该为生长提供充足的阳光，如果做不到呢，最低限度是不要挡住阳光。一个好的学生对于坏的教育可以说的话，就是哲学家第欧根尼对亚历山大大帝说的那句话："不要挡住我的阳光。"

2. 今日教育的问题

用人文精神的眼光来衡量，我认为今日的教育有三大弊病。第一个是急功近利，市场支配大学教育，所谓"与市场接轨"，大学成了职业培训场。怀特海说：在古代的学园里，哲学家们向弟子传授的是智慧，而在今天的大学里，卑微的目的是教授各种科目，这标志着教育的失败。这么来看，我们今天的教育就更失败了，因为我们的目的更加卑微，只是升学、就业甚至金钱。

当然，急功近利不只是教育的问题，而是整个社会的问题。现在市场上流行所谓励志类的书，据我看其中大量的是垃圾，它们的内容无非是两个，一个是教人怎样在名利场上拼搏，发财，出人头地，另一个是教人怎样精明地处理人际关系，讨上司或老板的欢心，在社会上吃得开。到机场、车站的书店去看看，摆在最醒目位置上的都是这类东西，还有就是所谓谋略类的书、经管类的书，什么"经营自我"、"人生策略"、"财富圣经"，光看这些书名就让人恶心，这样的书名本身就是堕落。自我是经营的对象吗？从古希腊开始，那些哲学大师们谈到自我是怎么谈的？是让人发现自我、认识自我，去认识自我的价值，去实现自我的价值。现在自我竟然成了一个经营的对象，要用它去赚钱，去谋一些表面的成功。"人生策略"，以前的哲学家是不谈人生策略的，他们谈的是人生意义、人生理想，现在却把人生当作一桩生意来做了。"圣经"本来是最高价值的象征，"财富圣经"的概念公然把财富抬到了最高价值的宝座上。据我所知，这样的书大多是那些层次极低的书商炮制的，他们瞄准现代人渴望成功的心理，出一些迎合这种心理的题目，用低廉的价格雇一帮写手来写，那些写手自己是极不成功的倒霉蛋，能教给你什么成功的诀窍吗？今年我遇到一个事，有两本书冒用我的名字出版，其中一本叫"纯粹的智慧"，内容也是这种乌七八糟的所谓励志，许多读者上当购买了。我希望大家擦亮眼睛，看见了千万不要买。不但不要买这种冒名的伪书，所有这类低俗的励志书都不要买，要以读这种书为耻，因为这证明你水平太低，口味太差。

我不反对励志，问题是励什么样的志。一个人可以为自己树立很多目标，但第一个目标应该是优秀，成功只是其次的目标，应该把成功看成是优秀的副产品。首先要让自己成为一个优秀的人，成了优秀的人，你可能成功，也可能在社会的意义上不太成功，但是不管怎么样，你的人生是有意义的。如果你是一个平庸的人，你最多只能得到渺小的成功，因为你始终只是在混日子，最多只是混得好一些罢了。平庸者只有职业，优秀者才有事业，一切伟大的成功者必定是优秀者。所以，你们一定要以优秀为目标，不要去在乎那些小成功，有大成功在等着你们。（掌声）

今日教育的第二个弊病是应试教育。对于应试教育的害处，大家谈论得很多了，素质教育的口号也喊了很久了，事实却是应试教育愈演愈烈，原因在哪里呢？我认为在高考，只要高考制度没有根本改变，素质教育就是一句空话。问题是高考的成绩不但决定了学生的命运，而且决定了学校、校长、教师的命运，就像教师们所说的：我们是挂在应试列车上的一节车厢，工资、奖金、职称、学校排名都与高考成绩挂钩。因此，必然的结果是，不应试就无法生存。

怀特海真是一位大教育家，在教育问题上有许多真知灼见，他早就指出：统一考试是灾难性的，必然会使所有被迫参加这种考试的学校包括校长和教员都受到束缚。他说的统一考试，是指那种考题不是由学生自己的老师设计，而是由某个机构设计的考试。西方国家没有全国统一的高考，只有较小范围内的统一考试，对此他也反对。统一考试的问题是统一命题，有标准答案，这就使它只能偏重死记硬背的知识而不是独立思考。统一考试在我们的高考中达到了空前的规模，它的危害也达到了顶点。为了对付高考，老师和学生都把掌握应试技巧看作最重要的事情，把精力放在大量猜题、做题上面，真正的智力教育完全遭到荒废。现在有所谓"高考能校"，对学生实行封闭式管理，像军营一样，学生从早上七点到晚上九十点都在做题和背诵，一天学习十四个小时，两周休息一天。前不久我看到报道，辽宁有一所这样的学校，辽中县第一高中，每天上十五个小时课，一个女生猝死在课堂上。高中生是最苦的，但初中生、小学生也好不了多少。你看现在的小学生，一年级就背起了沉重的书包，二三年级就有大量家庭作业，做作业做到深夜。面对全民奔高考的逼人形势，许多家长心理上极其紧张，怕孩子跟不上，从小学起就给孩子报各种课外班，什么奥数、英语、语文等等。武汉有一个小学生每个周末上七个班，真是令人发指，上了媒体，其实上三四个班的很普遍。高考的威力甚至影响到幼儿园，有一句话叫作：不能让我们的孩子输在起跑线上。可是，在我看来，这种态势恰恰一开始就已经是输局了。我们逼迫孩子们从幼儿园开始就投入可怕的竞争，从小学到大学一路走过去，为了拿到那张最后的文凭，不知道要经受多少作业和考试的折磨，为了如此渺小的一个目标牺牲了宝贵的童年和青春，这简直是全国性的野蛮和疯狂。我不禁要问：这还是教育吗？教育究竟要干什么？

我们现在的高考制度是上世纪 50 年代学苏联的产物，"文革"后恢复，一开始还不是这个样子的。现在成这个样子，原因很复杂，与现行教育体制的其他弊端有密切联系。我本人认为，唯一的出路是扩大高校的自主招生，最后的目标则是废除高考。有人担忧，现在教育腐败这么严重，如果让高校完全自主招生，岂不会加重腐败，加剧不公平？我的看法是，自主招生必须置于法律的监督下，做到程序合理和透明，而对自主招生中可能出现的营私舞弊行为，也完全可以用法律来对付。无论如何，我们不能让这个高考制度继续摧残一代又一代孩子的身心健康了，且不说它与现在的腐败脱不了干系，事实上它滋生了一整个靠高考牟利的腐败产业，即使废除了它会出现一些新的腐败，只要能制止今日这种全国性的野蛮和疯狂，我认为也是完全值得的。

今日教育的第三个弊病是腐败。腐败的根源，我认为主要是两个，一个是管理体制的高度行政化、官本位化；另一个是公益事业的产业化，把公立学校变成了营利工具。在这个社会转型时期，无论哪个领域，只要权力与市场联手，就必然产生腐败。关于这个问题，我不准备多谈。我只想强调，教育腐败是最可怕，也是最可恨的。教育直接关系到人的头脑和灵魂，原本是最需要人文精神的领域，现在竟然成了最没有人文精神的领域。老百姓最痛恨的腐败，一个是医疗腐败，一个就是教育腐败。在一切文明国家和时代，大学都是抵御社会腐败的堡垒，如果大学也腐败了，就真没有希望了。

我就讲到这里，有冒犯之处，请批评。

（2005 年 3 月 27 日于四川大学，2005 年 5 月 26 日于中央财经大学，2006 年 3 月 2 日于西南政法大学。根据四川大学录音带和备课提纲，参考西南政法大学录音稿整理。）

青年与幸福

主持人： 尊敬的各位领导，亲爱的同学们，大家晚上好！欢迎光临第五届学术文化节精品讲座现场。有这样一位写作者，他的写作速度很慢，每四年磨一剑，但连续二十年却出版了数百本书籍，几乎每一本都名列畅销榜的最前列。有这样一位哲人，他喜欢活得更明白一些，从童年就开始了对生与死的冥想，甚至为不能和释迦牟尼同一时代相识相知而憾恨，甚至流下了眼泪。有这样一位师长，他将大魄力和人情味融为一身，哪怕在一个恶人身上发现了一个优点，也愿意原谅他的一千件恶行。今天我们的校党委书记邱东教授专门为我们中财学子将这位作家、哲人、师长请到了我们学术文化节的现场。同时邱书记和侯慧君副书记也将和我们一起在现场相约这位大师。下面让我们用更为热烈的掌声请出忧郁、敏感、怕羞、拙于言谈、疏于功名、不通世故、不善社交的小王子——周国平先生。

刚才对我的介绍不符合事实啊。（笑声）首先第一条就不对，四年磨一剑是事实，我写作速度很慢，四年出一本，原创性著作差不多是这样，但这样下来如果出了数百本书，那我算了一下，我应该是一千多岁了。我这些年出的书比较多，但很多其实是各个出版社选编的，真正原创性的大概也就十几本，并不多。我非常高兴能够来到中央财大和同学们进行交流。我们今天在这里相会，我觉得首先要感谢邱东书记。邱书记亲自出马打电话，想办法找到我，然后电话打到了我家里。同学们，这个不简单，近几年我在全国各地包括一些学校做讲座，做了大概有几十场了，但是第一次是学校的第一把手亲自来跟我联系，来邀请我。当时是我太太接的电话，她跟我说了以后，我马上说当然要去。我为邱书记这种礼贤下士的风度、这种人情味儿所感动，非常感动。我要在这里对邱书记表示我的一份敬意。（鼓掌）

前言　幸福是多层次、可持续的快乐

这么隆重地邀请我，第一把手亲自出马，我讲什么好呢？最后我决定就讲"青年与幸福"。为什么讲这个题目呢？并不是说我很懂幸福，但是我想对于青年人来说，对于你们财大的学生来说，什么是幸福，怎么理解幸福，是很重要的问题。用拜伦的话来说，在你们的天空中还有许多彩虹，你们还对未来充满着各种各样的憧憬、幻想、期待，所有这些对未来的向往，概括成一个词，就是"幸福"。

人人都向往幸福，希望有一个幸福的人生。那么，到底什么是幸福？我想可能很多人并不清楚。我也不很清楚，但是我比你们年纪大得多，你们的人生道路刚开始，我已经走了大部分。所以我可以回过头去想一想，这一辈子，这个人生中间，究竟什么东西是真正值得去追求的，是值得去珍惜的，这里面就有我对幸福的理解。经过这么多事情，从自己的经历里边，我还是有所体会的。我比你们可能会清楚一些，当然这也不是什么好事情，你们还有很多想法，我就想得比较简单了，这也许意味着我的人生中的可能性少了许多。我自己想明白了的东西，我到底要什么，要到了以后觉得我的生活是踏实的，我的心灵是充实的，我就谈谈这方面的体会。所以今天是和大家谈心，没有多少理论上的东西。

现在我们这个时代跟我年轻的时候很不一样了，现在这个时代大家比较看重的东西是成功和金钱，我觉得可以理解。其实我也觉得成功和金钱是好东西，因为以前很长时间我是很不成功的，现在好像取得了一点小小的成功，比如写作得到相当一些读者的认可，书比较好卖，这也算成功吧。我在社会上得到了更多读者以后，我的生活好过多了，书好卖了，收入比以前多得多了，这样我就可以比较超脱了，这是我感觉到的最大好处。譬如说，单位里面往往会为了一点小利益争夺，我可以不在乎，你们去争吧，我都不要。有了超脱的本钱，这当然是好事。但是我要说，成功和金钱不是最好的东西，它们本身还不能称其为幸福，还有比成功和金钱更好的东西。是什么呢？第一是生命，生命比金钱好得多。第二是精神，内在的精神充实比外在的成功好得多。

对幸福的理解，西方哲学史上主要分两大派。一派认为幸福就是快乐，这派被称为快乐主义，比如古希腊的伊壁鸠鲁，一直到近代英国的经验论者休谟、约翰·穆勒、亚当·斯密这些人，他们基本上认为幸福就是快乐。还有一派认为幸福就是精神上的完善，或者道德上的完善，在古希腊以苏格拉底、柏拉图为代表，后来主要是德国的一些哲学家，最典型的是康德。不管这两派有什么不同的意见，我觉得有一点是共同的，就是他们都更重视精神，包括快乐主义那一派，也是更重视精神上的快乐，认为这是幸福更重要的方面，而完善论者也都承认完善本身伴随着精神上的快乐。那么，也许可以简单地把幸福归结为快乐，不过对这个快乐要进行分析。

快乐要成其为幸福，我认为必须符合两个条件。第一，这个快乐必须是丰富的、多层次的，其中包含了高层次的快乐。如果只是单一的、低层次的快乐，例如只是肉体欲望的满足，就不能称作幸福。第二，这个快乐还必须是长久的、可持续的，它有生长的能力，快乐本身能生成更多的快乐。如果只图眼前的快乐，实际上埋下了今后痛苦的种子，当然也不能称作幸福。那么，什么快乐符合这两个条件呢？我觉得有两种快乐，一个是生命的快乐，一个是精神的快乐。我们想一想，老天把我们造就为人，我们身上最宝贵的东西是什么？无非就是这两样东西。首先是生命，这是最基本的价值，没有生命其他就谈不上。其次，人比其他生命高的地方，就在于人是有精神的。要说快乐，生命的快乐就是深层次的快乐，精神的快乐就是高层次的快乐。所以，快乐的源泉其实就在人自己身上，你真正感到幸福的时候，其实是把人身上这两样最宝贵的东西开发出来了，实现出来了，你去享受它们了。你真正具备了健康的生命和优秀的精神，你自己身上就有了用之不竭的快乐的源泉，你的快乐是可以不断生长的，你的幸福是有保障的。我今天讲幸福的问题，主要就从这两个方面来讲。

一　生命的快乐

先说生命的快乐。我们每一个人，上帝给了我们这一个生命，我们只有这一次机会，我认为我们应该享受生命。苦行主义把生命的快乐看作低级的快乐，我认为是大错特错的。但是我发现，真正懂得享受生命的人并不多，人们往往把满足生命本身的需要和满足物质欲望等同起来了，其实这是两回事。现在社会上把金钱看得很重要，全部精力用来挣钱，挣了钱就花钱，全部生活由挣钱和花钱组成，以为这就是快乐。其实，物质的欲望是社会刺激出来的，并不是生命本身带来的。一个人的生存当然需要有物质条件，要有钱，在这个社会里你没有钱就会很可怜，所以不妨让自己有钱一些。但是，生命有它本身的一些需要，它们的满足给人带来的快乐是最大的，而这其实并不需要有很多的物质、很多的钱。

有一些需要，可以说是生命骨子里的东西，是生命古老又永恒的需要。比如健康，享受生命最基本的一个方面是享受健康。你看那个古希腊哲学家伊壁鸠鲁，他讲幸福就是快乐，他给快乐下的定义是什么？他说快乐就是身体的无痛苦和灵魂的无纷扰，也就是说，你有一个健康的身体、一颗宁静的灵魂，你就是快乐的，你就是一个幸福的人。我特别欣赏托尔斯泰的一句话，他说真正的物质幸福不是金钱。从物质角度来看什么是幸福，那也不是金钱，是什么呢？他说：对个人来说是健康，对人类来说是和平。这个道理其实很简单，如果没有健康，你金钱再多有什么用？现在有些人为了挣钱，累出一身病，英年早逝，值得吗？

人是自然之子，和自然交融，享受大自然，享受阳光、空气，这也是满足生命本身的需要，给人以莫大的快乐。关于这一点，我就不多说了。

生命的快乐还有一个方面，就是所谓天伦之乐，爱情、亲情、家庭，这是人生非常重要的价值。我这个人是很看重家庭的，我觉得这是人生太重要的一个内容了。回想起来，我这一辈子幸福感最强烈的时候是什么时候？有两段时光。一段是刚上大学时，我是十七岁进了北大，正值青春期，整个人在发生变化，我眼中的整个世界也在发生变化，我突然发现天下有这么多漂亮的姑娘，真觉得这个世界太美好了。（笑声）那个时候，实际上我并没有谈恋爱，你们现在很幸福，你们在大学里是可以自由谈恋爱的，我60年代上大学的时候，大学生是不允许谈恋爱的，尤其是如果被发现了发生关系或怀孕，那是要受处分甚至开除的。但是你挡不住青春啊，这个感觉在啊。我记得海涅有一句诗："在每一顶草帽下面，都有一个漂亮的脸蛋。"那个时代的时尚吧，女士、小姐戴一顶精致的草帽。我当时的感觉就是，好像有一件未知的，还不太清楚的，但是非常美好的事情在等待着我，这是一种非常强烈的幸福感。

我确实觉得恋爱是非常美好的。现在有些人说，大学生谈恋爱不好，是早恋。大学生都十七八岁了，还说早恋啊？这正是恋爱的季节！大学生谈恋爱，天经地义。我们这一代人已经被压抑了，不应该再压抑新的一代，是吧？我对大学生恋爱是这样看的：第一，我觉得特别正常。第二，我觉得你也不要当作一个任务去完成。我知道有些同学是当作任务完成的，别人有女朋友、男朋友了，别人在谈恋爱了，好像我不谈恋爱就没面子似的，这个就不必要了，应该顺其自然嘛，你的日子长得很，不用勉强去谈，不要攀比，是吧？第三，我希望是这样的，要高质量地谈恋爱。恋爱是有质量的区别的，质量取决于谈恋爱的当事人的质量，境界不同，素质不同，恋爱的质量是有差别的。如果你光是沉溺在卿卿我我这种关系里，别的什么都不要了，我觉得挺可悲的。我刚才强调，快乐应该是可持续的，有生长能力的。你们这个年纪可以说是为一生的幸福打基础的时候，应该是通过恋爱互相促进，互相激励，激励精神的向上、求知的努力和创造的冲动。恋爱是可以有极大的激励作用的。我真正谈恋爱是比较晚的，但我那时候的状态非常好（笑声），写了很多诗啊，很多爱情诗、哲学诗，还写了很多哲学的随感。因为当时我的女朋友啊，她是一个爱文学的人，特别看重你的文学才华，我就想表现自己，就使劲写啊，能够博美人一笑就特别满足，特别有成就感。我当时写这些东西，根本没有想到要出版，许多年后出版了，现在来看，仍然是我自己最满意的作品之一。我是想说，我是支持大学生谈恋爱的，但是你这个状态应该是一个更好的状态，一个能够开花结果的状态。这是一段时间，就是青春期，谈恋爱，幸福感特别强烈。

还有一段时间，我也觉得幸福感特别强烈，就是自己刚当了爸爸，初为人父的时候，第一次迎来了一个小生命。你们现在没有孩子，你们是不知道的，将来你们就会知道，现在跟你们说了也没用。我自己没有孩子的时候，人家跟我说孩子多么可爱，我是没感觉的。原来没有孩子的时候，我对要不要孩子的问题就是顺其自然，有也可以，没有也可以，我觉得没有也不是什么缺陷。但是有了孩子以后，真是不一样，你心里面的一些东西，有些你不知道的本能被打开了。那是我又一次感觉到世界非常美好，有某种未知的非常美好的事情在等待着我，那个感觉就是每一天都是新的。当然我的第一次经历是很不幸的，你们可能看过我写的《妞妞——一个父亲的札记》，我的第一个孩子刚满月的时候，就发现患有先天癌症，一岁半就去世了，我为她写了一本书。后来我又有了一个女儿，我觉得每次孩子来到的时候，那种心底里的快乐都无比强烈，我愿意什么也不干，整天陪着她，跟她玩，给她记录。尤其孩子快到一岁的时候，开始学说话，到两岁、三岁，话语的那种美妙啊，大人是想象不出来的。我为我现在的女儿写了很多日记，那几年里面，我的日记大部分是写她的，是她的话语的记录。我准备把这些东西好好整理，作为一个礼物送给她，这是给孩子的最好的礼物。我们自己小时候的事情，我们都忘了，这是很可惜的，所以我不能让我的孩子的童年也是空白。我写过一篇文章叫"我为女儿当秘书"，我那时候真是给她当秘书，认真记录她的言行。当时她也习惯了，说出一句妙语，我夸她，她马上说，爸爸你给我记下来。

这种感觉不光是我有，我看很多人，无论是大人物、小人物，这个感觉是共同的。比尔·盖茨，全球首富，现在不是了，好像是老二了吧，他有一张照片，是他抱着当时两岁的女儿照的，下面有一句题词："只有在这个时候我才感到最幸福。"他有五百亿美元的家产，但是财产带给他的快乐，那种打动人心的深度，远不如这个小生命给他带来的。凭我自己的体验，我相信他讲的完全是真话。财富带来的名利欲、权力感、雄心的满足，是另一种性质的快乐，在深度上无法与生命根底里的快乐相比。还有美国现代舞的创始人邓肯，她是一个天性非常健康的女人，一生谈了无数次恋爱，她的自传写得非常真实。在刚有小孩的时候，她这样喊道：上帝啊，在这个小生命面前，我的那些艺术算得了什么呀，所有的一切算得了什么呀！其实普通人也一样。有一次我在北京坐出租车，从我上车开始，那个司机就跟我说他的孩子，他有了一个一个月大的儿子，一直说到我下车。在我临下车前，他跟我说：你知道吗，我以前最讨厌的就是人家跟我说他的孩子，婆婆妈妈的，琐琐碎碎的，有什么意思，现在我自己有了孩子，我忍不住要说啊。这个东西真是人性根底里的东西，生命核心里的东西。

后来我就分析了，我说人的性本能实际上有两个层次，一个层次是快乐本能，就是男女之间的事情，当然这也是很大的快乐，不过还是比较低的层次。它的更深的层次是什么？是种族本能，所谓的传宗接代。大自然把这个本能安在人的身体里面，我们平时是不知道的，没有孩子的时候，这个本能是沉睡着的，一旦有了孩子，这个本能就苏醒了，会给你一种更强的快乐。当然，我现在跟你们说也是白说，以后你们自己体会吧。我只有一条建议，不要做丁克一族，应该要孩子，没有的时候，你不知道孩子会给你带来多大的快乐，也就不知道不要孩子是多大的损失了。

我就强调一点，就是要把生命本身的需要和物质的欲望区分开来，这是两回事。其实，中国的道家是很懂这个道理的，主张保护好生命的真实的、完整的本性，不可用物质欲望去戕害它。古希腊的哲学家也认为，生命的快乐基本上是不依赖于物质的。这可以说是哲学家们的共识。我们现在太看重物质的东西了，所以我说，你应该静下心来，听一听你生命的声音，听一听它真正需要的是什么。

正确的金钱观

当然金钱也很重要，我不主张你们特别清高，光是精神追求了。我认识一个青年，他精神需求很强烈，写了很多哲学的东西，但没有谋生的能力，也不愿意有，没有职业，生活非常潦倒。他觉得他应该过这样的纯粹精神性的生活，可是他又受不了贫困，所以很痛苦。我是不主张这样的，生存问题要解决。在这样一个市场经济的社会里，必须为自己争取一个生存的基本保障。但是，我想你应该看清楚，金钱这个东西永远不应该是目的，你不能活着就是为了金钱，金钱仅仅是手段。

德国有一个作家叫伯尔，是诺贝尔文学奖的获得者，他有一篇很短的小说，讲了这么一个故事。有一个旅游者，西方发达国家的一个旅游者，到了一个偏僻的渔村。他看见一个青年渔夫躺在小渔船上，正晒着太阳打瞌睡。他觉得这个情景很美，就给他照相，咔嚓咔嚓，把渔夫吵醒了。于是他就跟那个渔夫聊天，他说你不应该躺在这儿晒太阳，渔夫问我应该干什么，他说你应该出海打渔。渔夫就问然后呢，他说然后你就把鱼卖了，得到钱以后，你就可以买更大的渔船，挣更多的钱。然后呢，买一条更更大的渔船，说到最后，买一条现代化的最先进的渔船。渔夫问，然后呢，旅游者说，然后你就可以躺在这里晒太阳了。渔夫说：用不着，我现在就可以。这个故事讲了一个很深刻的道理：本来你挣钱是为了什么，是为了享受生命，可是我们往往这样，挣着挣着，忘记自己本来的目的是什么了，挣钱本身成了目的了。

人太穷当然不行，但是，金钱对幸福的作用是有限的，因为生命对于物质的需要是有限的。我的主张是，一个人有这方面的能力，能够发大财，不妨去发，但是，一般来说，还是把目标定得低一点为好，小康就可以了。我给自己定的目标就是小康，过社会上中等水平的生活，过得去就行了。套用托尔斯泰的话，我说我在物质上的理想是什么呢，就是在一个和平的世界上，有一个健康的身体，过一种小康的生活，如此足矣。这个目标已经够高的了，并不容易达到。

在金钱的问题上，我想应该是这样的：在你生活没有基本保障的时候，应该把金钱作为满足你的基本生存需要的手段；一旦生存问题解决了，就应该把金钱作为满足你的精神需要的手段。有了钱确实也可以满足你很多精神方面的需要，譬如说，我喜欢读书，那我钱多就可以买很多书，甚至可以给自己建一个比较像样的藏书室，这当然很好。但是我说，实际上金钱对于一个人幸福的这种贡献是取决于他的精神素质的。如果你精神素质高的话，金钱确实可以为你的精神享受提供更多的手段，能够更好地满足你的这种需要，但前提是你有这方面的需要。我看有些素质低的大款，其实挺可怜的，他们很空虚，那么多钱，却不知道该怎么享受，只能是在物质的奢华上、在纵欲上玩花样，以为这就是享受。

所以，金钱对于一个人的幸福，它最后到底产生什么结果，取决于一个人的素质。在高素质的人身上，它可以造成幸福；在低素质的人身上，它可以造成不幸。金钱本身是中性的，以前有句话，"金钱是万恶之源"，这句话我完全不赞同。金钱不是万恶之源，金钱在道德上是中性的，没有善恶之分，就看你怎么用它，怎么对待它。你们是搞财经的，关于这个怎么看待财富的问题，我不妨多说一些。也许你们看过德国大社会学家马克思·韦伯的一本书，就是《新教伦理与资本主义精神》，它里边提出了一种新的财富观，关于资本主义精神是如何看待财富的，我觉得他讲得很透彻，跟我们以前的观念很不一样。历来的宗教家也好，哲学家也好，基本上对财富、金钱是持否定态度的，认为金钱会导致人的道德上的堕落，所以主张不应该去争取财富。但是，马克思·韦伯说，资本主义精神是鼓励人去争取财富的，多多益善，不过，这里面关键的一点是，要把财富的这种获取和财富的使用分开。获取的时候，人应该敬业，应该勤劳，你越发财越光荣。这个其实在我们这个社会里已经成为占支配地位的价值观念了，反正身价高的人，大家挺羡慕他。只要你的手段是正当的，发财就是光荣的。另一方面呢，在使用的时候，你仍然应该节俭，就是说还是应该过比较俭朴的生活，你获取财富不再是为了自己个人的这种物质上的享受。总起来说，就是肯定财富，反对贪婪。这样就导致了财富的积累，积累起来的财富，一是扩大再生产，二是用来做公益事业。

我归纳一下，正确的金钱观、财富观应该是什么样的？我觉得有这么几条。

一条是获取财富的时候应该使用正当的手段，对不义之财不动心。这一点不容易做到，人一旦有机会获得不义之财，这个心里面矛盾啊，斗争啊，很多人就是最后过不了这一关，这一关不容易过。

第二条就是有了钱以后，你应该有一种比较超脱的态度，仍然跟财富保持距离，仍然要看到这是身外之物。我很欣赏古罗马哲学家塞内卡，他在罗马当了很大的官，相当于宰相，在这期间敛财，过着非常奢华的生活，当时很多人都看不惯。但是他说，你们别以为我被财富控制住了，我把得到的东西放在一个很远的距离上，放在一个命运女神伤害不了我的地方，一旦命运女神要把它拿回去，我不会经历那种撕裂的痛苦。他始终保持这样一种心态。后来，他丢了官，被流放，财产全部被没收，最后尼禄皇帝上台赐他自杀，他果然都非常平静。临死的时候，他周围的学生哭成了一团，他从容问道：你们的哲学哪里去了？一个人不管有钱没钱，对金钱都抱这样一种比较超脱的态度，就不会在金钱的问题上太痛苦了。

第三点，就是我刚才说的，你即使有钱了，还要过俭朴的生活。一个人没钱的时候过俭朴的生活是迫不得已，但是你有了钱以后还过俭朴的生活，我觉得这是很高的境界。古希腊哲学家苏格拉底，他讲课不像我们这样在课堂里，而是在街头闲逛，然后喜欢他的人就跟着他，听他聊天，用这样的方式来传授他的哲学。有一回，他带着一帮弟子在雅典街头逛了一圈，街头有很多商铺嘛，他就发感慨说：我真没想到，这里有那么多我不需要的东西啊。他有一句名言：一无所需最像神。一个人对物质的需要特别少，达到最低的限度，这时候最像神。我发现，一个素质高的人，往往很少的物质就可以让他满足了；可是另一方面呢，你给他再多的物质他也满足不了。满足不了什么？精神上的需要，就是说富裕本身不能使他满足，因为他的最重要的需要是在精神上。

最后一点，你永远要把金钱当成手段。一个人把金钱当作目的，甚至是主要目的、唯一目的，这样的人是最糊涂的，甚至是最愚昧的，你这样就是一辈子为金钱打工了。我再重复一遍：金钱永远是手段，开始的时候是满足生存基本需要的手段，在这个需要满足以后，是满足精神需要的手段。

二　精神的快乐

下面我讲幸福的第二个方面：精神的快乐。人不但应该享受生命，而且人还有一个更高的层次，就是人是有精神属性的，人应该享受自己的精神属性，满足自己的精神需要。精神需要的满足，精神能力的生长和发展，是人生幸福更加重要的源泉和方面。

那么，人有哪些精神需要，有些什么样的精神能力呢？我套用柏拉图的一个分类，不过可能跟他的原意不太一样。我们可以把人的精神能力、精神属性分为三个方面：一个是知，智力，理性，人有思考的能力；第二是情，情感，人有感受的能力；第三是意，意志，人有实践的能力，能够支配自己的行为，这实际上是指人有道德和信仰上的追求。和三种能力相对应，知追求的是真，情追求的是美，意追求的是善。

　　　　　　　　　　　　　| 周国平论教育

1. 智力活动的快乐

我先讲第一点。人的精神快乐很重要的一个方面，是智力活动的快乐，通俗地说，就是动脑筋的快乐。这一点对学生来说特别重要，因为在学校里智育是主要任务，占据了最多的时间。智力活动的主要因素是什么？我认为有两个。一个是好奇心，人有理性，面对外部世界的时候，理性一旦发动，就会产生好奇心。另一个是独立思考的能力，你对事物感到好奇，发生了兴趣，就要用自己的头脑去思考，探究它的谜底。一个人对事物充满好奇心，又善于独立思考，他就能充分地享受智力活动的快乐。

大科学家就是如此。爱因斯坦是怎么走上科学道路的？他自己回忆，他最早对科学发生兴趣是在五岁的时候，他爸爸送给他一个指南针，他看见里面的针自己会转，总是指向同一个方向，就觉得非常神奇。当时他的感觉是：事物内部藏着一个秘密，等着我去把它找出来。这正是一种科学探索的心情。事物内部藏着一个秘密——这是怎样的诱惑！把它找出来——这是怎样的成就感！前者是好奇心，后者是独立思考，这两者都给人以莫大的快乐。一个人始终保持这样一种心情，他不成为一个科学家才怪呢。爱因斯坦说过一句话：神圣的好奇心是一颗非常脆弱的嫩苗，很容易被扼杀掉。科学家是什么人？就是好奇心没有被扼杀掉的人，他们是幸存者。

好奇心之所以容易被扼杀掉，最大的敌人是功利心。我觉得在中国这个问题挺严重的，我们总是把精神价值看得很空，好像必须落实到物质的价值，否则就不承认它有价值。智力活动本身就是快乐，探索世界的秘密本身就有价值，我们对这样的观点是陌生的。实际上这涉及一个根本问题，就是怎么看精神和肉体的关系。精神和肉体，哪个是目的，哪个是手段？人的精神能力，在这里是理性、智力，它的价值仅仅是为肉体服务吗？当然，无论个人还是人类，肉体的生存是前提，在这个问题解决之前，我们不得不把主要精力用在满足生存的需要上，智力好像更是肉体生存的手段。但是，一旦生存的需要得到了满足，智力活动仍然只是手段吗？精神需要的满足是否应该逐渐上升到主要地位，我们是否应该逐渐把主要精力用在精神需要的满足上了呢？因为从人之为人的本质属性看，应该说肉体只是手段，精神才是目的。我们动脑筋，不是为了填饱肚子，只是因为动脑筋本身让我们感到快乐，智力的运用和真理的探究本身让我们感到快乐，在这样的一种状态中，我们岂不更像是万物之灵？事实上，人类也好，个人也好，越是能够从精神活动本身中获得快乐，就的确是处在人性的一个更高的阶段上。

好奇心和独立思考能力具体到学习上，作为一个学生来说，看他在智育上是不是过关，智力素质好不好，我就看两条。第一条，你有没有快乐学习的能力。学习是好奇心和求知欲的满足，本来应该是一件快乐的事情。第二条，你有没有自主学习的能力。尤其是大学生，你一个是要对知识有兴趣，另一个是你要知道自己的兴趣在什么地方，对什么东西最有兴趣，然后你就根据你的兴趣来安排自己的学习。大学生不应该是跟着老师走的人，要具备自己安排自己的学习的能力。所以，我觉得大学期间的学习有两个目标，一个是爱上学习，另一个是学会自学。有了这两条，你就获得了一笔终生的财富。因为大学期间的学习，学生阶段的学习，仅仅是学习的一个开端，你要真正在知识上大有作为，做出成就，那你是一辈子要学习的，以后就靠你自己了。我认为一个人在受过大学教育以后，应该成为一个知识分子。什么是知识分子？就是热爱智力生活的人，养成了智力活动习惯的人。你品尝到了智力活动的快乐，养成了智力活动的习惯，一辈子也改不掉了，不让你从事智力活动你就难受，这就叫知识分子。如果你离开学校后就仅仅是去谋生了，你对智力活动再也不感兴趣了，那你就真的是白受了教育，你没有成为知识分子。

当然，从我们现在这种应试教育的体制来看，要让孩子们、学生们成为热爱智力活动的人，实在是太困难了。基本上这个体制起了相反的作用，让你讨厌智力活动。其实也不是讨厌智力活动，因为你还没有真正品尝过智力活动的快乐,你从事的很多活动根本不是智力活动,那些为考试做的死记硬背不是智力活动,你跟智力活动还没有沾边,还没有把你引入到智力活动里面去,问题在这里。结果你就这样从大学毕业了,由于在学校里就没有品尝到智力活动的快乐,走上社会以后,在择业的时候,你也就不会有真正属于自己的兴趣和志向,只有薪金之类的外在标准,这真是很可悲的。一个人没有自己的真兴趣,是永远不可能活得有意思的。

在我看来,学习不快乐,把学习变成折磨,仅此一点,就已经是教育的最大失败。从小学开始,孩子们就受这个折磨,上了一天学,回家还必须做大量枯燥的作业,天天上床时都筋疲力尽,其用途只是应付考试,对真正的智力开发毫无益处。到了中学,尤其是高中,折磨越来越甚,简直是虐待了。我认识一个中学校长,他任职的学校是当地最好的中学,所谓高考名校吧,升学率最高,反正高官大款都把自己的子女送到那里去。那次我去那个城市做一个讲座,他听说了,就一定要请我吃饭。在饭店,他见我的第一面就说:周老师,我们这些人都是历史的罪人,我们将来是要受审判的。据他说,他这个学校考上清华、北大的多了,考上北师大算差的。怎么做到的?全封闭管理,两周休息一天。在应试体制下,不这样做,他的学校就会出局。他自己的孩子也在这个学校上高中,毕业那一天,他请孩子吃饭,流着泪说:你的生活从今天才真正开始。是啊,原来过的不是生活,不是人的生活!

你们也都受过这种苦,中国的教育,你们都是直接受害者,从初中、高中过来,就好像从炼狱里过来。现在过了高考关,进了大学,好像进到了天堂,可以松一口气了。大学比中学好得多,多少有一点自由了,但还是很可怜的,是吧?在大学做讲座时,有些学生让我题词,我就题两句话:做学习的主人,向教育争自由。现在大学的问题是急功近利,你要清醒,把弊端对你的损害减小到最低限度。几年的时间一晃就过去了,你要珍惜,自己好好想一想,这几年怎么学,自己有一个计划,真正做学习的主人。

这是我讲的精神快乐的第一点：智力活动的快乐。其实，幸福观和人生观是统一的，从幸福观的角度讲，是智力活动的快乐，从怎么做人的角度讲，就是要有一个自由的头脑，把上帝赋予你的理性能力的价值实现出来。

2. 情感体验的快乐

第二点讲一讲情感体验的快乐。我这里讲的情感是广义的，指人的感受能力。人不光有智力，也就是认识能力，还有感受能力。如果说认识能力主要是面向世界的，那么，感受能力主要是面向人生的。当然，这只是相对而言，实际上两者难以分开，我们在认识世界时也在感受，我们在感受人生时也在认识。你在这个世界上生活，无论是在认识外部事物的过程中，还是在和人打交道的过程中，你的感情是参与的，你有顺心的时候，也有不顺心的时候，有些人你喜欢，有些人你讨厌，你会快乐或者痛苦。人带着感情生活，有好恶，有喜怒哀乐，在我看来这都是财富。不是说只有快乐才是财富，你遇到了讨厌的人、倒霉的事，就完全是损失了。如果说心灵是一本账簿，那么，对于这本账簿来说，没有支出，全是收入。

在生活中，我也跟大家一样，常有情感的波动。我会遇到我特别讨厌的人，有时候真是很愤怒，世界上怎么有这样的人，干这样的事，觉得无法忍受。但是，我比较能够跳出来，把自己当作一个认识者，把这种人当作认识的对象，我来解剖他，人性是这样的，社会是这样的。当你这样做的时候，真是一种解脱，你比他站得高许多，不在同一个平面上较量，你是在他上面观察他，分析他。然后，我就在日记里把我的感受记下来，把这种人的面貌刻画一番，分析一番，就觉得不那么难受了，甚至会有一种快乐，因为有了认识上的收获。

我很早就有这样一种意识，就是要把我的外部经历转化成内在的财富。怎么转化呢？主要就是通过写日记。纯粹外部的经历，你是留不住的，但是你是带着感情去经历的，内心会有感受，你要珍惜这种内心的感受，不让它轻易流逝，这样也就是以某种方式留住了你的经历。很多人生活一天天过下来，从小到大，过一天少一天，什么也没留住，我就说，你是把你的日子都消费掉了，这太可惜了。

经常有人问我：周老师，你是从什么时候开始写作的？我说惭愧，比韩寒、郭敬明差远了。我的第一本所谓成名之作是《尼采：在世界的转折点上》，那是1986年出版的，那个时候我已经四十一岁了。（骚动）我现在多大了，你们知道吗？（笑声）我1945年生，现在六十三岁。不像吧？我自己也觉得不像。（笑声）我写过一段话，意思是一想到我的年龄，我就觉得这是岁月加在我身上的一个污点。我不该是这么大岁数啊。言归正传，别人问我从什么时候开始写作，我总说是从五岁开始的。我五岁上小学一年级，会写字了，就自发地开始写日记了。一开始挺幼稚的，我爸爸经常带我到他的同事、朋友家玩，主人就会拿一点好吃的东西给我吃，无非是饼干、点心之类，那时候困难，吃到这些东西不容易。我就想：今天吃了，明天忘了，不就白吃了吗？不行，我要把它记下来。我自己做了一个小本子，哪天吃了什么，就记下来，然后翻开来看看，心里放心了，觉得没有白吃，都留下了。后来回顾，我发现是这样的：我已经意识到我的外部生活是会流逝的，我一定要用某种方式把它留住。通过写日记，我的确留住了我生活中很多好的滋味，当然这好的滋味就不仅仅是点心了，而是人生中的许多感受。从小学到中学，尤其上了高中以后，我非常认真地写日记，每一天都要写好几页，这个习惯一直坚持到大学四年级。四年级的时候，文化大革命爆发了，不敢写了，抄家成风，好些学生的日记被抄出来，写成大字报公布，把学生揪到大字报前面斗，北大当时经常出现这样的情景。不但不敢写，我还把以前的日记都烧掉了，到二十一岁为止，满满的一箱啊。后来我无数次为此痛哭，觉得我的童年和青春岁月永远丢失了，那些日子白过了。当然，其实没有白过，日记也没有白写，因为养成了写日记的习惯，我和没有这个习惯的人的生活状态是不一样的。在生活的过程中，我的灵魂是醒着的，我在品味哪些经历对我是有意义的。我觉得自己好像有了一双内在的眼睛，我不但在用外在的眼睛看，我灵魂中的眼睛也是睁着的。

通过写日记，我真的受益无穷。主要收获倒不在于提高了写作能力，后来成了一个作家，虽然我的写作能力的确是写日记打下的基础，但这不是最重要的。最重要的是，通过写日记，我的内心生活从来没有中断过。一个人有了持续的内心生活，你就会感到你在这个世界上生活的时候是有灵魂的，不是一个行尸走肉，你活得很充实，这是特别大的快乐。其实，我后来成为作家完全是偶然的，即使永远没有成为作家，我仍然会写，为自己写。现在我也是把为自己写的东西放在第一位，那些发表的东西是第二位的。我建议你们都养成写日记的习惯，这对一个人内在的深化特别有好处。

怎么样让自己的内心丰富起来，从而能够享受情感体验的快乐，这是一个方面。另外一个方面是阅读。在阅读上，我强调一点，就是要读好书，尤其是那些经典名著。人类创造了很多物质财富，我们都很在乎去享受这些物质财富，但是人类还创造和积累了那么多精神财富，它们主要的存在形式就是经典书籍，如果不去享受，我觉得实在太可惜了。不要只读专业书、财经书，阅读面宽一些，其实人文和社会科学各科是相通的，基础不深厚，专业上也不会有大出息。做学问的根本是做人，人不优秀，学问肯定好不到哪里去。优秀的一个重要方面，就是心灵的丰富。有一种误解，好像写作只是作家的事情，读书只是学者的事情。其实，本来意义上的写作和阅读是属于每一个关心精神生活的人的，你只要看重你的灵魂，你就会不由自主地要留住自己的内心感受，不由自主地要读那些精神含量高的书，这样来使你的灵魂变得越来越丰富。

这是第二点，从幸福的角度讲，是情感体验的快乐，从做人的角度讲，就是人要有丰富的心灵。

3. 精神追求的快乐

第三点是精神追求的快乐，涉及道德和信仰的问题。人不但有理性，即认识能力，有情感，即感受能力，而且有意志，即实践能力。哲学上讲实践能力，比如康德的《实践理性批判》，讲的就是道德和信仰问题，实践能力指人能够用道德和信仰来指导自己的行为。

关于道德，我想强调的是，对德育的理解不应该表面化，流于规范的教育，比如爱国主义、集体主义之类。这些东西也可以谈，但是没有抓住道德的根本。道德的根本是什么？哲学家们主要讲两条。一条是同情心，做一个善良的人。所谓同情心就是说，自己是生命，别人也是生命，人和人之间要以生命和生命互相对待。按照亚当·斯密的说法，在同情心的基础上，形成了社会的两种基本道德，一个是正义，一个是仁慈。一个人是否善良，就表现在这两个方面。他是一个有正义感的人，看见别的生命受到伤害，他会挺身而出，见义勇为。他是一个有仁慈心的人，看见别的生命遭受痛苦，他会倾力相助，解忧排难。在精神的快乐中，道德感的满足处于很高的位置，做一个善良的人是极大的快乐。你看西方的那些富豪，到了最后，财富本身很难再给他带来快乐了，只有做慈善事业，才能得到更大的快乐，更大的成就感。

讲道德的根本，另一条是做人要有尊严。关于人身上的这个尊严，哲学家们有各种解释，归结起来，其实都是说人是有神性的，人的灵魂是高贵的，它有着神圣的来源。因此，人和人之间不只要作为生命和生命互相对待，而且要作为灵魂和灵魂互相对待，自尊并且尊重他人。到了这个层次，道德也就是信仰了。一个人有没有信仰，倒不在于他是否相信某种宗教，最重要的是相信人身上是有不可亵渎的东西的，不管把这个东西称作神性、灵魂还是别的什么，都忠实于它，守护着它，在一切行为中体现出做人的尊严。在一定意义上可以说，信仰的快乐是做人的最高快乐。历史上有一些圣徒式的人物，他们在信仰的激励下为人类工作，即使在最艰难困苦的境遇中，内心仍充满着巨大的难以形容的欢乐。作为普通人，当我们在自己待人处世的行为中坚持了做人的原则，体现了做人的尊严，这时候所感到的快乐也是别的快乐不能相比的。

归纳一下我对幸福的理解，就是两条，一条是享受生命，一条是享受人的精神属性。展开来说，作为一个生命，要有健康的生命态度，作为一个精神性的存在，要有自由的头脑，丰富的心灵，善良、高贵的灵魂，我认为这样的人就是幸福的人。

讲了这么多，最后我想说，其实现在我对幸福的理解是很朴实的。有人要我用最简略的语言归纳一下我对幸福的理解，我说就两条。第一条，和自己喜欢的人在一起，并且让她（他）们感到快乐。这实际上是生命的快乐中的一个重要内容——爱情、亲情和家庭。第二条，做自己喜欢做的事情，并且能够靠这个养活自己。这实际上是精神的快乐在我身上的落实，我的工作是读书和写作，我的职业和我的精神享受是一致的，这的确是莫大的幸运。我觉得我基本上做到了这两条。

（2007 年 12 月 9 日于山东省团委"齐鲁青年讲坛"，2008 年 4 月 25 日于中国工商银行团委，2008 年 11 月 14 日于中央财经大学。根据中央财经大学录音和速记稿以及讲课提纲整理。）

直接向大师学习

——我的读书观

主持人：我们今天请到的是著名的哲学家、中国社会科学院哲学研究所的周国平教授给我们做这场讲座，我们先对周教授的到来表示欢迎。周教授从他大学入学就开始学哲学，大学毕业以后，研究生还是学哲学，目前是在中国社会科学院研究哲学，应该说是我国著名的哲学家。除此之外呢，他就是读书、写书，还有讲座，这本书（《周国平人文讲演录》）就是周教授多少场讲座整理出来的一本书。过去大家可能更多的是看周教授的书，平面地来了解周教授，那么今天呢，我们是立体地来感受周教授的思想和观点。他今天给我们讲的题目叫作"直接向大师学习——我的读书观"，大家欢迎。

开场白

今天是 4 月 18 号，4 月 23 号是世界读书日，我就凑个热闹来谈谈读书这个主题。其实我对所谓的世界读书日也好，中国有些地方办的那个读书月、读书节也好，我本来是不以为然的。读书哪有某一天、某个月读的问题呢，对于一个爱读书的人来说，读书是一个习惯，用不着规定一个什么读书日来提倡一下。所以我觉得，读书日跟真正爱读书的人是没有关系的，跟不爱读书的人也没有关系，因为你提倡也没用。我想联合国科教文组织不会规定一个世界看电视日或者世界上网日，不需要嘛，你不提倡，大家都在看都在上。所以，规定世界读书日，可能是现在读书的风气越来越弱了，有必要提倡一下。

我查了一下资料，世界读书日是怎么来的，好像跟西班牙有点关系。1995 年联合国科教文组织做出这个决定，规定 4 月 23 号是世界读书日。为什么选择 4 月 23 号呢？一个根据是，这一天是西班牙大文豪、《堂吉诃德》的作者塞万提斯的忌日。还有一个根据是，这一天是西班牙一个地区的传统节日，叫作圣乔治节。圣乔治节的来历是，当地有一个英雄叫乔治，他从怪兽手中救出了一个公主。这是所有民间故事的老套了，英雄救美女，但这个故事后面有点儿不一样，得救以后一般公主会嫁给英雄，这个故事不是这样，没有说公主为了感恩就嫁给英雄了。她怎么感谢的呢？她送给英雄一本书，这个品位就比较高了。你光是能杀死怪兽还不够，你还得有文化。根据这个故事，西班牙这个地区就有了一个节日，到 4 月 23 号这一天，姑娘送自己爱的小伙子一本书，小伙子送姑娘一枝玫瑰花。我觉得这倒不错，比较高雅，姑娘要求自己的意中人是真正爱文化的，爱读书的。我不知道我们这里过情人节，有多少姑娘是给自己的情人送书的。可能很少吧。我倒遇到过这样的情况，在各地讲座或签售的时候，常常有小伙子拿着我的书来，要给他的女友写几句话，签个名，作为送女友的礼物。当然我很愿意这样做了，成人之美嘛。不过我不知道下文如何，是不是就可以打开姑娘的心，得到姑娘的玫瑰花了。

今天就读书日快到了这样一个契机，我想谈一谈我的读书观。毕竟到现在为止，我这一辈子基本上是在读书了，读到后来自己也写书，反正读书在我的生活中占了特别重要的地位。在座的诸位都是知识分子，我想读书对你们来说也是占有很重要的位置的，所以我想趁这个机会和你们交流一下。我给今天讲座起的题目叫作"直接向大师学习"，这句话基本可以概括我对读书的看法。也可以换一个说法，叫作"直接阅读经典"。我把这句话分解成三个词：直接、阅读、经典。阅读，是讲为什么读，读书的意义是什么，在现在这样一个媒体的时代，我的主张是多阅读，少看或者不看电视，少上或者不上网。经典，是讲读什么，我的主张是多读经典，少读或者不读一般的畅销书。直接，是讲怎样读，我的主张是直接读大师的作品，少读或者不读第二手、第三手的所谓心得、解读、教辅一类的书。所以，"直接阅读经典"基本上概括了我对读书的看法，包括为什么读、读什么、怎样读。

一　为什么读：阅读的意义

1. 读书的三种目的

下面我就讲第一个问题：为什么读？阅读的意义是什么？我分析了一下，我们读书基本抱三种目的。第一种是实用的目的。其实我们知识分子大多数时候是抱着实用的目的读书的，比如说我们搞哲学的，往往就是围绕自己的课题来读书。当然你也可以对自己的课题很感兴趣，有很多独特的思考，但是可能很多人是另一种情况，他仅仅是为了能够保住研究人员的这份工作，必须申请课题、做课题，至于申请什么样的课题，往往是根据哪个课题申请起来有把握。什么课题能被批准，我就申请什么课题，往往是这样，未必是自己真正感兴趣、真正有研究的。像这样的人围绕他的课题去读书的时候，我认为他也是抱着实用的目的，你纯粹是为了谋生嘛，这样的人还不能算有阅读的习惯，在过阅读的生活。抱着实用目的读书，这是一种。这里面也包括看一些实用类的书，生活指导类的书，这种书现在很多，怎么使用你的身体呀，怎么炒股呀。这都不属于我所说的真正意义上的阅读，这是一种比较低的层次。

第二个层次是消遣，为了消遣而读书，很多人是这样的。当然，我不是要否定这种东西，你也可以拿书本来消遣，消磨时光，休息大脑。我只是想说，这种纯粹为了消遣的读书也不属于我所说的阅读的概念。

那么，我说的阅读的概念是指什么呢？是指阅读本身是一种精神生活，阅读的过程本身是在过一种精神生活，你能够从里面得到精神的快乐、精神的提高。真正意义上的阅读应该是这样的，通过阅读，自己精神的能力得到生长和发展，精神的需要得到满足，感觉到精神上的愉悦，获得精神上的收获。一个人唯有养成了这样的阅读习惯，我们才可以说他是一个喜爱阅读的人。

当然，有时候这三种不同的目的、不同的层次是可以重合的，并不是互相冲突的。比如你们搞科学研究，你对你研究的课题是真的非常喜欢，在这个过程中你的智力非常活跃，那么，一方面可以说你的读书是实用的，你是在做课题嘛，这是你的职业嘛，但是，另一方面，同时也是一种精神享受，两者是重合的。在这一点上，我觉得我特别幸运，我的职业与我的爱好是完全一致的。我读哲学的书、历史的书、文学的书，读那些经典著作，既是在做我的本职工作，又是在过精神生活，而且还是在消遣。我真的觉得读这些书是最好的消遣，能够得到特别轻松的一种享受、一种休息，决不是苦事，而是非常快乐的事情。所以，在幸运的情况下，作为实用的读书、作为消遣的读书和作为精神生活的读书是可以统一的。尤其是知识分子，你做的就是知识的工作，如果你真正爱你的专业，就完全可以统一。我相信爱因斯坦这样的人，他是没有办法把他的工作分成哪一部分是实用的，哪一部分是精神享受的，哪一部分是消遣的，没有办法分的，完全是统一的。我认为知识分子都应该并且能够为自己争取这样的一种读书。

2. 作为精神生活的阅读

那么，作为精神生活的阅读应该是什么样的呢？人是精神性的存在，人之所以为人是因为人有精神属性，也就是有精神能力和精神需要。精神能力和精神需要其实是同一个东西，精神能力的运用和生长，同时也就是精神需要的满足。作为精神生活的阅读，就是要通过阅读，一方面使自己的精神能力得到运用和生长，另一方面使自己的精神需要得到满足，从而真正作为人而生活。

人有哪些精神生活？这要看人有哪些精神属性了。可以把人的精神属性分为三个方面，一是智力，也就是理性能力；二是情感，也就是感受能力；三是意志，也就是实践能力。那么，与此相应，精神生活也可以分为三个方面，就是智力生活、情感生活、道德和信仰生活。下面我简单地谈一谈阅读与这三个方面的关系。

（1）作为智力生活的阅读

第一，阅读是智力生活，能够让你的智力处于一种活跃的状态，激发和满足你的好奇心，培育和发展你的独立思考能力。与智力生活密切相关的书，主要是科学和哲学书籍，科学和哲学就是对世界的认识和思考。当然这种区分是非常相对的，一切好书，包括好的文学作品，其实同样也能促使你去思考，使你的头脑处于活跃状态。

我不是搞自然科学的，我的专业是哲学。但是，上中学的时候，我最喜欢的学科是数学，我真觉得从数学里面得到的乐趣太大了。尤其是从初中开始学平面几何的时候，解习题真是乐趣无穷，图形里面隐藏着的那个关系，你能把它找出来，把它证明出来，这个动脑子的过程真是太快乐了。后来我读到爱因斯坦的自传，他也有相同的感受。他回忆自己十二岁的时候，得到了一本欧几里得几何学，立刻入迷了，他当时的感觉是，一个几何定理，从直觉上看是根本不可能的，但是你能那么严格地把它证明出来，这实在太神奇了。正是这样一种神奇的感觉，对知识的这样一种强烈的好奇心，推动他走上了科学研究的道路。

当然，我跟爱因斯坦没法比，后来从事的也不是自然科学。但是，我的确感到思考是一种巨大的快乐，我在阅读哲学书籍的时候同样感到了这种快乐。亚里士多德把哲学的沉思称作人生最高的幸福、完美的幸福，因为在这个时候，我们不是作为人，而是作为在我们之中的神过这种生活的，这是神性的生活，是在做合于我们身上最高贵部分的事情。他是一个大哲学家，他说的想必是他的亲身感受。我是一个平凡的人，感受没有他那么强烈，但我多少也体会到，用自己的头脑去思考世界和人生的问题，得出自己的见解，这是一种幸福。

就智力生活而言，我觉得阅读的价值主要不在于学到一些现成的知识，而在于锻炼我们的头脑，刺激它始终处在活跃的状态，享受智力活动的快乐。这个东西比具体的知识重要得多，有了这个东西，你才是一个知识分子。什么是知识分子？并不是说你读了几年书，有了一些专业知识，拿到了文凭，就是知识分子了。知识分子是那种从智力活动本身得到了莫大快乐，从此改不掉智力活动习惯的人，他觉得动脑筋思考问题太快乐了，你不让他动他就非常难受，而且也不可能，他永远保持着对知识的热情，这样的人才是知识分子。其实，一切本质意义上的学习都是自学，所谓师傅领进门，修行靠自己，各行各业都是这样的，人是要一辈子学习的。那么，坚持一辈子学习的动力从何而来？就来自对智力活动的热爱，来自过智力生活的习惯。

(2) 作为情感生活的阅读

阅读不但让我们过一种智力生活，还可以让我们过一种情感生活，使我们的感受能力得到生长和发展，成为一个心灵丰富的人。在这方面，效果最显著的，一个是欣赏艺术作品，音乐、绘画等等，一个就是阅读文学作品。泰戈尔说过一句话，他说：如果我小时候没有听过童话故事，没有读过《一千零一夜》和《鲁滨孙漂流记》，那么我现在眼中的世界就不会这么美好。的确是这样的，一个人经常受文学艺术作品的熏陶，他对美就会比较敏感，内心世界就会比较丰富。

我们好像都在这个世界上生活，但是，内心世界不同的人，他们眼中的世界是不一样的，因此实际上也是生活在不同的世界上。一个内心贫乏的人和一个内心丰富的人，这两个人好像是生活在同一个世界上，其实他们过着完全不同的生活。那种内心贫乏的人，他眼中的世界也是贫乏的，一切都缩减为功用。有一年我去三亚亚龙湾，那还是比较早的时候，海南岛刚在开发，亚龙湾还没有酒店，就搭了几个小帐篷。住在海边的帐篷里，每天从早到晚面对一望无际的大海，海的那种庄严、那种神秘，我感觉特别好。有一回，来了几个游客，估计是做生意的，他们站在海边看了一眼，扭头就走了，边走边说这里什么都没有，只有一滩水。我知道他们是来找那些大宾馆，或者那些旅游设施的，没有找到，就觉得很失望。本来那个亚龙湾最好的东西是什么？就是大海嘛。一个人面对所谓什么都没有的大海，这正是最纯粹的时候，但他们一点感觉也没有，这真是没有办法。当时我就特别鲜明地感到，不同的人眼中的世界真是不一样的。可以断定，这些人是从来不读文学作品的。所以，对大自然的感受也好，对人生的感受也好，是需要培育的，通过看文学作品，看那些有感受力的人写的书，你就会受到感染，得到提高。

我回忆我自己上高中和大学的时候，我花工夫最多的是两件事，一个是写日记，一个是读课外书，这可以说是我的两门主课。通过读课外书，我受大师们的熏陶；通过写日记，我积累自己的感受。说实话，我在北京大学的时候，就不是一个好学生，课上是不用功的。我学的是哲学系，进学校之前，我抱着很大的期望，觉得是最高学府嘛，而且当时哲学是很高分的专业。到了那里一看，基本上是反复讲那些教条的东西，比如一本艾思奇的《辩证唯物主义历史唯物主义》，当年是大学哲学公共课的教科书，又是我们哲学系的专业教科书，我花一个星期就看完了，但我们要学两年，怎么受得了？所以我上课基本上是不听讲的，上大课就逃课，不会被发现，小课逃不了，老师在上面讲，我就在下面看我自己的书。按照当时专业的要求来说，我看的基本都是所谓课外书，其实有些就是哲学书，但是课程里是没有的。大学那几年里，我真正的收获不是从课堂上得来的，而是自学得来的。现在看来，我当时也没有受我那个专业的限制，看了大量的文学书，小说、诗歌之类，最喜欢俄罗斯文学，什么托尔斯泰、陀思妥耶夫斯基、屠格涅夫，这些人的书凡出版的都看了。西方小说也看了很多，西方哲学原著也看了一些，比如休谟和罗素的。我真的体会到，文史哲是不分家的，你不要以为你学哲学的就应该专门看哲学书，你学文学的就应该专门看文学书，这样是学不出来的。精神生活的领域本来是打通的，不要让自己被专业限制住。其实我也很用功，但是我把工夫用在课外书上面，这实际上就是自学，给我的好处是最大的。如果没有那些自学的话，光是听课、应付考试，我想我现在会平庸得多。

你们从事的是自然科学，据我所知，其实很多大科学家也不受自己专业的限制，他们的兴趣是很广泛的。比如达尔文，他小时候酷爱莎士比亚，年轻的时候喜欢诗、音乐、绘画。大家都知道，爱因斯坦是一个很棒的小提琴手，他自己说，他喜欢音乐，喜欢科学，这两者是同一种渴望。他的阅读面也很广，酷爱塞万提斯，尤其对哲学很有研究，熟悉斯宾诺莎、休谟、康德的哲学思想，对他们的评论很有见地。在他的文集里，许多文章是讲哲学的，还有许多是论教育的。我觉得他非常了不起，不仅仅是一个大科学家，也是一个大思想家。他的文章也写得非常好，说他是一个大作家也当之无愧。我觉得不管你是哪一个专业的，如果你被这个专业局限住了，你一定是比较渺小的。你是一个人，而不仅仅是一个专业人士、一个专家。作为一个人，你的领域是很宽广的，你应该让自己获得丰富的、多方面的精神享受。如果一辈子只当专家，只具备一个狭小领域里的专门知识，你就是当了一辈子的工具，哪怕是一个好工具，这个损失实在太大了。

我建议你们养成两个习惯，一个是读人文书籍，一个是写日记，这是使自己内心世界丰富起来的两个基本途径。有一个很大的误解，好像读文史哲方面的书是研究文史哲的学者的事，不是一般人的事，不是其他专业的人的事；写作则是作家的事，也不是一般人的事。其实，对于一个重视精神生活的人来说，阅读和写作都是他的事。本真意义上的阅读和写作都是非职业的，属于每一个看重灵魂生活的人。严格地说，成为一种职业已经是堕落了。我对此深有体会，为了发表而写作，为了写要发表的东西而读书，写作和阅读都不纯粹了，与真实的内心需要脱离了。我常常提醒自己，警惕这种情况，不让它成为常规，不让职业性的阅读和写作排挤掉精神生活。

(3) 作为道德和信仰生活的阅读

第三个方面是作为道德和信仰生活的阅读，和这个方面密切相关的书，主要是哲学和宗教。哲学有两个方面，一个是对世界的认识，另一个是对人生的思考，这后一个方面，包括作为道德思考的伦理学，作为终极价值思考的形而上学，就是谈道德和信仰问题的。当然，我要再强调一遍，这样区分是非常相对的，一部真正伟大的著作，包括文学作品和历史著作，都必定涉及人类精神生活最高层次的问题，即道德和信仰，不可能只是讲一些虚构的或真实的故事，也不会只是丰富一下你的情感生活。从道德来说，我觉得读一些伟大人物传记很有益处，许多伟人之所以伟大，不仅仅在于他们做出了很大的成就，更在于他们有一颗高贵的灵魂，我们会从心底里尊敬他们，觉得他们的确为我们树立了一个做人的标准。

从信仰来说，我觉得自然科学和宗教并不是互相冲突的。很多大科学家，包括牛顿和爱因斯坦，其实是有一种很深的宗教感情的。爱因斯坦把科学的动机分为三个层次：第一是谋生，这是最糟糕的；其次是对知识的兴趣，好奇心的满足，他认为还是比较低的层次；最高的层次，他称之为宇宙宗教感情，他认为这是最高的科学动机。他说，科学背后最伟大的动机和宗教是一致的，宗教、哲学、科学说到底都是在做同一件事，就是要探究世界之谜，要解释整个世界，要描绘出一幅清晰的、可信的、完整的世界图景。一个科学家如果没有这样的宇宙宗教感情，只是满足于对局部现象作一些解释，这样的科学家是比较渺小的。

3. 书籍和电视的比较

刚才我讲了这么多，归纳起来，是说阅读应该是一种精神生活。那么，看一看现状，这个意义上的阅读，现在受到了很大的冲击。很多统计表明，阅读率越来越下降了，爱读书的人越来越少了。最大的冲击来自电视和网络。在这个问题上，我不是一个完全的保守派，我尤其觉得网络是一个好东西，在公共生活中发挥了很好的作用，对个人来说也是提供了很好的手段。但是，网络和电视对阅读的冲击不容忽视。我推荐大家看一本书，是美国的一个文化学者叫波兹曼的写的《娱乐至死》，他的原文完整翻译出来是一个质问和警告：难道我们要娱乐到死吗？他态度很鲜明，比较极端一点，但是值得我们深思。

波兹曼认为，电视的发明实际上源自电报和摄影的发明，是电报和摄影的结合。电报的特点是快速传递信息，摄影的特点是用图像表达，电视则快速地把图像传递给你，是瞬时和图像的二重奏。现在电视排挤阅读的趋势很明显，天天晚上看电视成了大多数人的习惯，有阅读习惯的人越来越少了。针对这种情况，波兹曼把电视和书籍即印刷媒介做了一个比较，他认为它们有两个最大的区别。首先，电视是瞬时性的，看重的是当下，要求快速传递信息，追求信息的快和新。书籍就不一样，书籍里面存在着一个用文字记载的传统。人们写书的时候，是着眼于长久的，所谓名山事业，有那些经典名著为楷模，希望进入这个传统之中，经得起历史的考验。当然，现在情况有了很大变化，受电视的影响，许多人写书也只是着眼于当下。波兹曼借用美国一个媒体大王的话来说明，这个人是搞电视的，很了不起，能够反省，他说现在美国人都知道二十四小时内发生的事情，但是对过去六千年、六十年发生的事情，对不起，所知甚少，不知道了。美国有一个著名作家叫作梭罗，他写的《瓦尔登湖》特别棒，他在世时，电报刚发明，在英吉利海峡下面埋电缆，海峡两边能够通电报了，当时他就说，也许通的第一份电报就是告诉你，阿德雷德公主得了百日咳，一个小女孩得了一个小病，总之是一条毫无意义的信息。现在电视啊，尤其是网络啊，每天传播的信息如潮水一般，可是你想一想，其中有多少是和你的真实生活有关系的？几乎没有。但是，看这些东西，电视一个一个频道，网上的八卦新闻，你是会上瘾的，看完了脑子里乱糟糟的，兴奋过后一片空白，可明天照看不误。用英国诗人柯勒律治的一句诗来说，就是到处都是水，但没有一滴能解渴。电视上、网络上潮水般的信息，没有一条真正能解决你的问题。你把时间都花在那个上面，岂不可惜！

电视和书籍的另一个重大区别是，书籍用文字来表达，文字是抽象符号，它要求你必须思考，不思考你就读不懂。相反，电视是用图像来说话的，不要你思考，而且忌讳你思考，因为思考影响观看，图像转换得非常快，你思考的时候画面就过去了，你就看不明白了。你受画面的支配，必须跟着它走。而且，在电视成了主流媒体以后，就产生了一个现象。波兹曼说，过去人们读大作家的书，看不见大作家的人，不知道也不关心他们长什么样子，关心的是他的思想和见解。他说，美国七个最伟大的总统，华盛顿、林肯这些人，他们走在街上，没有人会认识他们。现在不一样了，在电视的时代，你如果没有上镜率的话，你就落伍了。所以现在不光是演员、主持人，连政治家、学者都要上电视，上镜率越高，知名度越高。现在人们看重的不是思想和见解，而是长相和口才。所以，波兹曼说，媒介就是认识论，媒介变了，认识事物的方式就变了，产生了一系列的后果。如果说过去的时代出大师和伟人，那么，我们今天这个时代出的是明星和偶像。大家都混个脸熟，电视上露脸多了，就成了名人了。

电视对阅读的影响是很大的，它不但排挤阅读，导致阅读率下降，而且在电视的强势影响下，印刷媒介纷纷向电视看齐，出版商的兴奋点不在出真正的好书，能够传世的书，而在当下的畅销，怎么样吸引你的眼球，怎么样造成轰动效应，怎么样强化娱乐功能，用波兹曼的话说，图书蜕变成了"电视型印刷媒介"。现在的大量出版物是快餐读物，绘本也很走红，说什么已经到了读图时代，真是堕落，不耐烦读，读不懂文字了。最近于丹、易中天火得不得了，靠什么？就是靠的电视，先在电视上走红，然后向图书市场进军。据我所知，易中天在上"百家讲坛"之前，在那个《品三国》之前，他在同一家出版社已经出过四本书，但销量不大，《品三国》一火，那些书一下子跟着卖了几十万套。其实这几本书未必比《品三国》差，但是，非要他在电视上展示了口才，展示了"甩包袱"、讲故事的能力之后，才卖得动。我丝毫不反对作家通过写书成为富翁，罗琳写《哈里·波特》成为超级富翁，这没有什么不可以。问题是现在图书市场也受电视控制，这就比较可悲了。

电视排挤阅读，电视支配阅读，我说这是很可悲的现象，可悲在哪里？就在于这表明，我们这个时代的文化是低水平的，甚至是一个没有文化的时代。一个人怎么样才算是有文化，算是一个文明人？波兹曼谈书籍的特征，一个是其中有一个传统，一个是文字要求人思考。由此来看，什么叫文化？文化就是置身于人类精神传统之中进行思考。一个人是不可能孤立地有文化的，人类的精神生活是有一个传统的，你必须进到传统里面去进行思考，你才是一个有文化的人。如果你不阅读那些体现了这个传统的书籍，仅仅是看电视，生活在当下看看图像，那么，用波兹曼的话说，你是用娱乐取代了文化，你就成了一个没有文化的野蛮人。

波兹曼在那本书的最后提到两个作家，一个叫奥威尔，写过一本书叫作"1984"，还有一个叫赫胥黎，写过一本书叫作"美丽新世界"，这两本书都有中译本。这两本书被称作反乌托邦，都预言了人类文化的灭亡，但是灭亡的方式不一样。在奥威尔看来，文化是怎样灭亡的？有一天，书被禁止，思考被禁止，真理被隐瞒，文化成了一个监狱，是这样灭亡的。赫胥黎则预言，有一天，没有人想读书了，没有人想思考了，没有人想知道真理了，文化成了娱乐，文化是这样灭亡的。波兹曼比较了这两种预言，认为是赫胥黎的预言实现了。我前面说了，波兹曼的观点比较极端，比较激烈，但他是有道理的，为我们敲响了警钟。

二　读什么：经典的价值

时间有限，我就简单说一说下面两个问题。第二个问题是读什么，我的主张是读经典。其实这个道理很简单，如果你把阅读作为一种精神生活，不是纯粹为了消遣或实用的话，你当然要读那些精神含量最高的书，最能让你提高活跃的心智生活、丰富的情感生活、高贵的道德生活的书，这就是那些人文经典著作。不管是中国的老子、庄子也好，西方的柏拉图、亚里士多德也好，只要是真正进入了世界文化宝库的，都是

　　　　　　　　　　　　　　　｜周国平论教育

被公认的经典著作。经典著作有一个共同的特征，就是关注和思考人类精神生活共同的重大问题，比如人生的意义，生命和死亡，灵魂和肉体，信仰，等等，同时又各有独特的贡献。意大利作家卡尔维诺给经典著作下了几个定义，其中两个，我觉得很到位。他说，经典著作就是你初读的时候就觉得像是重读的书。你有重温的感觉，好像你曾经读过，为什么呢？因为它谈的问题是你关心的问题，是你自己灵魂中的问题，你对这问题是熟悉的。他又说，经典著作是你在重读的时候好像是初读一样的书。无论你读多少遍，你都有新鲜感，有新的发现、新的收获。为什么呢？因为它是独特而开放的，它的独特之处在你的眼前不断展现，不断和你交流，和你对话。我觉得这两句话说得非常好，准确地说出了我们读经典作品时的感觉，我自己也是这样感觉的。

我倒不是说别的书都不能读，一般人写的书都不能读，那么说你们就都不读我的书了，我的书当然不是经典著作，至多是读经典著作的一些体会罢了。我的意思是你的主要精力一定要放在读经典著作上。为什么呢？首先是因为一个人的精力是有限的，一辈子能读的书是非常有限的。不要以为你能够无限地活下去，永远有时间读书，我原来觉得是这样的，我读书欲望特别强烈的时候，我真觉得这一辈子可以读无限的书。可是，一眨眼就到了老年，过了六十了，突然意识到自己能够读书的时间不会太长了。我现在想起来很悲哀的，其实我花在读书上的时间够多的了，但还是有许多想读的书还没有读，还有一些想重读的还没有重读。我最近开始重读经典，西方的从古希腊开始，东方的包括中国古籍和佛教，我都想比较系统地重读，有一些原来没有读过，是补课，我希望我有时间来完成这样一个计划。我的专业就是人文方面的阅读和写作，你们只能用业余时间读一些人文著作，就更应该把时间都用在读那些真正的好书上面了。生命有限，好书一辈子读不完，怎么能把生命浪费在读差书、平庸的书上面呢？什么是好书？谁说了都不算数，最权威的批评家是时间，时间做出了鉴定，一代一代爱读书的人做出了鉴定，结论就是这些经典名著。图书市场如汪洋大海，我们自己去鉴别太困难了，不如用一个最简单的办法，就是听从时间的指导。

读好书和读一般的书，结果是大不一样的。德国哲学家费尔巴哈说过一句话：人就是他所吃的东西。为什么？因为食物化为了你的血肉。起码在读书这个问题上，在吸取精神营养上，我觉得他说得对。你看什么样的书，你吃什么样的精神食物，你在精神上就会成为什么样的人。你吃的是垃圾食品，你在精神上就会发育不良，成为侏儒，你吃的东西是有营养的，你在精神上就能茁壮生长，这是肯定的。人的精神素质、精神品位是被熏陶出来的，其中一个重要途径就是阅读的熏陶。读什么东西可不是一件小事情，你不知不觉就受影响了，我自己就有这个体会。我算是读书有点儿品位的，从大学开始就迷上了人文经典，倒不是刻意坚持，读大师的东西感觉就是不一样，读一般的就感到乏味了。但是，有时候，因为人家给我订了一些报纸，寄了很多杂志，觉得不看一下对不起人家，就花时间翻阅一下，结果就发现，看了后脑子里又乱又空，写出的东西也比较浮躁和肤浅了。别以为自己有多么强大，同样会受影响的，一段时间里读的东西品位比较低，写出的东西品位高不到哪里去。

读经典还有一个很重要的理由。德国哲学家奥伊肯说过这样意思的话：人类积累了许多精神财富，它们主要是以书籍的形式存在的，但是对于每一个个人来说，这些财富是外在于他的，它们还不属于你，需要每一个人自己去把它占为己有。按道理来说，人类的这些精神财富、这些好书是属于每一个人的，是属于全人类的，但实际上你不去占有它们、你不去读它们的话，它们和你是一点关系都没有的。你很可能就错过了，人类最好的精神财富你却没有享受过，很多人其实是这样的，看他们这样，我就想，幸亏我很早就发现了这个宝库，如果我也是一辈子没有去享受，吃亏就大了，而且自己还不知道吃了这么大的亏。

在书籍的总量里面，经典著作相对来说占的比例很小，但它们的绝对量仍是非常大的，是读不完的，我认为也不必读完。到底读哪一些为好呢？经常有人对我说：周老师，你给我们开一个书单吧。我说这个书单我是开不出来的，为什么？因为如果你真的是把阅读作为精神生活的话，你必须是把阅读与自己的精神生长有机地结合在一起的，所以对于每一个人来说，书单不可能是一样的，不存在一个统一的书单。我觉得最重要的是，你要有一个信念，不是最好的书就不读，你要有一个标准，每读一本书一定要在精神上有收获。你抱着这个信念，坚持这个标准，就一定能找到那些对于你来说是最好的书，形成你自己的一份书单。

虽然我开出的书单是没有用的，但我也可以做一些推荐。如果把阅读看作精神生活，我自己从读一些书里面，对什么是精神生活获得了一种比较深刻的体会，仿佛是精神生活的直接的呈现，像这样的书我可以举出几本。一个是柏拉图的《斐多》。柏拉图的书，你们会说很难读，其实未必。你们不妨读一读杨绛先生翻译的《斐多》篇，篇幅不大。杨绛先生年过九十翻译了这本书，两年后又写了《走到人生边上》，思考人生的重大问题，这个很有意思。《斐多》篇是写苏格拉底最后一天的情况的，苏格拉底是古希腊最伟大的哲学家，被法庭判处了死刑，罪名是不信神和败坏青年，那一天，他跟去看他的学生谈话，非常生动，杨绛先生的译笔也非常好。你可以看看一个大哲人在临终前是怎样谈人生的，他谈人生的意义，归纳起来就是一句话——要照料好自己的灵魂。第二本书，我要推荐的是《圣经》，尤其是《新约》。我不是一个基督徒，我是把《圣经》当作一本人生智慧的书来读的，通过耶稣的很多话，我觉得我领会了什么是信仰，什么是灵魂的生活。比如耶稣说，我们应该积累天上的财富，而不是地上的财富。天上的财富是什么？就是精神的财富，就是道德和信仰。第三本是《蒙田随笔全集》。蒙田是我非常佩服的一个哲人，他对人性的理解既深刻又宽容，在这一点上没有人能够超出他。第四本是《托尔斯泰日记》，通过读托尔斯泰的日记，我懂得了一个人可以怎样真实地面对自己的灵魂，真实的灵魂生活是什么样的。还有一本是《爱因斯坦晚年文集》，或者《爱因斯坦文集》的第二卷，可以着重看看他晚年写的自述。我非常佩服爱因斯坦，他不光是有科学上的成就，他是真正了解人类精神生活的。

总之读什么？我就主张读经典。现在图书市场上的书真是太多了，出版量空前，你不能说没有好书，从绝对量来说好书要比以前多，你爱读书的话，真能找到很多可看的书，但也存在着大量的垃圾书。在这样的情况下，你必须懂得拒绝和排除，才能进入真正的阅读。如果你碰到什么读什么，你是永远走不到真正的阅读里面去的。现在图书市场上的一个突出的现象，就是媒体和出版商合谋，联手炮制畅销书，来引导和支配图书市场。它们不断推出畅销书、各种排行榜，来指导人们读书，好像那个排行榜上越在前面的，就越值得读。才不是这么回事呢！我这个人是不相信媒体的，基本上不读畅销书，你越宣传我就越不理睬。不要跟着媒体跑，你跟着媒体跑，媒体宣传什么，你就去读什么，你就变成了文化市场上的消费大众，而不是一个阅读者。你真正是一个阅读者，阅读是你的精神生活，你就一定会有自己的爱好、自己的选择，你不会跟着跑的。

三 怎么读：直接读大师作品

第三个问题是怎么读，我的主张是直接读大师作品。当然，经典都是大师写的，能够称之为经典，作者就都是大师。但是，围绕这些经典有很多派生的东西、寄生的东西，比如说什么心得、感悟、解读，这种书很多。那我的意思就是说，要去读经典著作本身，不要去读二手三手的东西，起码你的重点要放在经典著作本身。

我的理由是，首先，大师的原著是最可靠的。叔本华说过一句话：谁向往哲学，就必须到原著那肃穆的圣地去找不朽的大师。要说捷径，这才是捷径，严格地说，是唯一的路。走别的路，最后还是要回来，能回来还是幸运的，往往就迷失在错误的路上了。我们以前学哲学，学马克思主义哲学，都是从教科书学的，真正马克思的书没有多少人读。我的体会是，你读了那些教科书，你还根本不懂马克思。马克思的书，我是下过一点工夫的。当年我北大毕业后分配到广西的一个山沟里面，一个很小的县城，待了八年半，在县里的宣传部工作。没有书读，宣传部的书也很少，但是有一套《马克思恩格斯全集》，还有一套《列宁全集》，我都通读了，还记了许多笔记。读了那些原著以后，我才发现，马克思多么丰富，多么深刻，我们把马克思哲学弄成一些教条，完全变样了。

另外一点，大师的原著原汁原味，是最鲜活的，往往一转述，里面有生命光彩的东西就给弄丢了。本来有血有肉的东西，最后弄成几根骨头给你啃，你能尝到多少本来的滋味？教科书、解读、心得，这些都是转述，转述的转述，有的不知是转述的多少次方，结果必然是原创性递减，平庸性递增。很多大师，包括很多大哲学家，他们的文字其实非常好，你读大师原著的时候，他们的文字本身也给你享受。我们千万不要以为原著都很难读，不是这样的，多数大哲学家的文字并不晦涩，像康德、黑格尔、海德格尔那样晦涩的是少数，多数是好读的，比如德国哲学家叔本华、尼采的文字非常优美，英国哲学家培根、休谟、约翰·穆勒的文字非常晓畅，读起来是很舒服的。

所以，你千万不要以为大师很难接近，其实他们比我们想象的要平易近人得多。就好像在现实生活中，很多大人物是平易近人的，相反小鬼难缠，他们周围的那些仆人、秘书才是难对付的，困难在于你要冲破他们的重重障碍才能见到大人物。但是，在阅读上不存在这种障碍，原著就在那里，你可以直接去找它们，那你为什么还要和仆人们没完没了打交道呢，毫无必要。古希腊哲学家亚里斯提卜说过一句俏皮话，他说，有些人好像很喜欢哲学，可是他们不去读哲学家的原著，却去读介绍性的东西，这些人就好像是爱上了一个女主人，可是为了图省事却去向女仆求爱，这是多么可笑。

那么，我们作为普通的读者，不是搞研究的，怎样来读大师的原著呢？我提两条。第一条是不求甚解，就是陶渊明说的"好读书，不求甚解"，不要刻意求解。其实我读原著也是这样的，某些我要研究的课题，比如尼采，我当然就比较认真，但是一般的读原著，我决不抱着做学问的态度读，而是当作闲书读。要尽量轻松愉快地阅读，觉得枯燥的地方，你就忍一忍，或者干脆跳过去，暂时读不懂的地方，也可以跳过去，做一个记号，这次没有读懂，以后再来读，不要死盯在那里，让那里成为障碍。这实际上是一个不知不觉受熏陶的过程，你内在的东西在积累，你用来理解大师们的资源在积累，你会发现你越来越能读懂了。

第二条是为我所用。你不要跟着大师跑，要独立思考。你要记住，其实你不是一个研究者，你用不着去死抠大师说的原意到底是什么，这个对你不重要，让学者们去争论吧。对于你来说最重要的是，把它化为你的精神营养，让你的精神得到生长。所以我就提出一个口号：读大师的书，走自己的路。人生的路还是要你自己去走，大师的书是为你走自己的路服务的。

（2007 年 4 月 26 日于重庆大学，2008 年 4 月 18 日于军事医学科学院，2008 年 4 月 19 日于中国科学院图书馆。根据军事医学科学院速记稿，参考中国科学院图书馆录音和讲课提纲整理。）

与中学生谈写作（提纲）

三辰影库请一些作家来给中学生谈写作，我也在被请之列。我不知道自己算不算一个作家。我没有申请加入作家协会，不是作协会员。我的专业是哲学，不是文学。我写过一些东西，因为不像一般学术论文那样枯燥和难懂，人家就把它们称为散文，也就把我称为作家了。这些都不重要，重要的是，我的确喜欢写作，写作的确成了我的生活的一个重要内容。

我自己从来不看作文指导、作文秘诀之类的东西，因为我不相信写作有普遍适用的方法，也不相信有一用就灵的秘诀。所以，我不会来和你们说这些。如果有谁和你们说这些，我劝你们也不要听，他说出的肯定是一些老生常谈。一个作家关于写作所能够说出的最有价值的东西，是他自己在写作中悟出来的道理。我尽量只讲这个。我想根据我的体会讲一讲，对于一个写作者来说，最重要的道理是哪些。

一　写作与精神生活

这一讲的主题是为何写。你们来听这个讲座，目的当然是想学到写作的本领。但是，为什么想学写作呢？这是一个不能不问的问题，它关系到能不能学成，学到什么程度。

1. 真正喜欢是前提

一定有不少同学是怀着作家梦学写作的，他们觉得当作家风光，有名有利。现在中学生写书出书成了时髦。中学生写的书，在广大中学生中有市场，出版商瞄准了这个大市场。中学生出书是新鲜事，有新闻效应，媒体也喜欢炒。现在中学生用不着等到将来才当作家，马上就有可能。这对于中学生的作家梦是一个强有力的刺激。

我不认为中学生写书出书是坏事，更不认为想当作家是不良动机。但是，这不应该是主要动机甚至唯一动机。如果只有这么一个动机，就会出现两个后果。第一，你的写作会围绕着怎样能够被编辑接受和发表这样一个目标进行，你会去迎合，失去了你自己的判断力。的确有人这样当上了作家，但他们肯定是蹩脚的作家。第二，你会缺乏耐心，如果你总是没被编辑看上，时间一久，你会知难而退。总之，当不当得上作家不是你自己能够做主的事情，所以，只为当上作家而写作，写作就成了受外界支配的最不自由的行为。

写作本来是最自由的行为，如果你自己不想写，世上没有人能够强迫你非写不可。对于为什么要写作这个问题，我最满意的回答是：因为我喜欢。或者：我自己也不知道为什么，就是想写。所有的文学大师，所有的优秀作家，在谈到这个问题时都表达了这样两个意思：第一，写作是他们内心的需要；第二，写作本身使他们感到莫大的愉快。通俗地说，就是不写就难受，写了就舒服。如果你对写作有这样的感觉，你就不会太在乎能不能当上作家了，当得上固然好，当不上也没关系，反正你总是要写的。事实上，你越是抱这样的态度，你就越有可能成为一个好的作家，不过对你来说那只是一个副产品罢了。

所以，我建议你们先问自己两个问题：第一，我是不是真的喜欢写作？第二，如果当不上作家，我还愿意写吗？如果答案是肯定的，你就具备了进入写作的最基本条件。如果是否定的，我奉劝你趁早放弃，在别的领域求发展。我敢肯定，写作这种事情，如果不是真正喜欢，花多大工夫也是练不出来的。

2. 用写作留住似水年华

有人问我：你怎样走上写作的路的？我自己回想，我什么时候算走上了呢？我发表作品很晚。不过，我不从发表作品算起，我认为应该从我开始自发地写日记算起。那是读小学的时候，有一天我忽然觉得，让每一天这样不留痕迹地消逝太可惜了。于是我准备了一个小本子，把每天到哪儿去玩了、吃了什么好吃的东西等等都记下来，潜意识里是想留住人生中的一切好滋味。现在我认为，这已经是写作意识最早的觉醒。

人生的基本境况是时间性，我们生命中的一切经历都无可避免地会随着时间的流逝而失去。"子在川上曰：逝者如斯夫，不舍昼夜。"人生最宝贵的是每天、每年、每个阶段的活生生的经历，它们所带来的欢乐和苦恼，心情和感受，这才是一个人真正拥有的东西。但是，这一切仍然无可避免地会失去。总得想个办法留住啊，写作就是办法之一。通过写作，我们把易逝的生活变成长存的文字，就可以以某种方式继续拥有它们了。这样写下的东西，你会觉得对于你自己的意义是至上的，发表与否只有很次要的意义。你是非写不可，如果不写，你会觉得所有的生活都白过了。这是写作之成为精神需要的一个方面。

3. 用写作超越苦难

人生有快乐，尼采说："一切快乐都要求永恒。"写作是留住快乐的一种方式。同时，人生中不可避免地有苦难，当我们身处其中时，写作又是在苦难中自救的一种方式。这是写作之成为精神需要的另一个方面。许多伟大作品是由苦难催生的，逆境出文豪，例如司马迁、曹雪芹、陀思妥耶夫斯基、普鲁斯特等。史铁生坐上轮椅后开始写作，他说他不能用腿走路了，就用笔来走人生之路。

写作何以能够救自己呢？事实上它并不能消除和减轻既有的苦难，但是，通过写作，我们可以把自己与苦难拉开一个距离，以这种方式超越苦难。写作的时候，我们就好像从正在受苦的那个自我中挣脱出来了，把他所遭受的苦难作为对象，对它进行审视、描述、理解，距离就是这么拉开的。我写《妞妞》时就有这样的体会，好像有一个更清醒也更豁达的我在引导着这个身处苦难中的我。

当然，你们还年轻，没有什么大的苦难。可是，生活中不如意的事总是有的，青春和成长也会有种种烦恼。一个人有了苦恼，去跟人诉说是一种排解，但始终这样做的人就会变得肤浅。要学会跟自己诉说，和自己谈心，久而久之，你就渐渐养成了过内心生活的习惯。当你用笔这样做的时候，你就已经是在写作了，并且这是和你的精神生活合一的最真实的写作。

4. 写作是精神生活

总的来说，写作是精神生活的方式之一。人有两个自我，一个是内在的精神自我，一个是外在的肉身自我，写作是那个内在的精神自我的活动。普鲁斯特说，当他写作的时候，进行写作的不是日常生活中的那个他，而是"另一个自我"。他说的就是这个意思。

外在自我会有种种经历，其中有快乐也有痛苦，有顺境也有逆境。通过写作，可以把外在自我的经历，不论快乐和痛苦，都转化成内在自我的财富。有写作习惯的人，会更细致地品味、更认真地思考自己的外在经历，仿佛在内心中把既有的生活重过一遍，从中发现更丰富的意义，并储藏起来。

我的体会是，写作能够练就一种内在视觉，使我留心并善于捕捉住生活中那些有价值的东西。如果没有这种意识，总是听任好的东西流失，时间一久，以后再有好的东西，你也不会珍惜，日子就会过得浑浑噩噩。写作使人更敏锐也更清醒，对生活更投入也更超脱，既贴近又保持距离。

在写作时，精神自我不只是在摄取，更是在创造。写作不是简单地把外在世界的东西搬到内在世界中，它更是在创造不同于外在世界的另一个世界。雪莱说："诗创造了另一种存在，使我们成为一个新世界的居民。"这不仅指想象和虚构，凡真正意义上的写作，都是精神自我为自己创造的一个自由空间，这是写作的真正价值之所在。

二　写作与自我

这一讲的主题是为谁写和写什么。其实，明确了为何写，这两个问题也就有答案了，简单地说，就是为自己写，写自己真正感兴趣的东西。

1. 为自己写作

如果一个人出自内心需要而写作，把写作当作自己的精神生活，那么，他必然首先是为自己写作的。凡是精神生活，包括宗教、艺术、学术，都首先是为自己的，是为了解决自己精神上的问题，为了自己精神上的提高。孔子说："古之学者为己，今之学者为人。"为己就是注重自己的精神修养，为人是做给别人看，当然就不是精神生活，而是功利活动。

所谓为自己写作，主要就是指排除功利的考虑，之所以写，只是因为自己想写，喜欢写。当然不是不给别人读，作品总是需要读者的，但首先是给自己读，要以自己满意为主要标准。一方面，这是很低的标准，就是不去和别人比，自己满意就行。世界上已经有这么多伟大作品，我肯定写不过人家，干吗还写呀？不要这么想，只要我自己喜欢，我就写，不要去管别人对我写出的东西如何评价。另一方面，这又是很高的标准，别人再说好，自己不满意仍然不行。一个自己真正想写的作品，就一定要写到让自己真正满意为止。真正的写作者是作品至上主义者，把写出自己满意的好作品看作最大快乐，看作目的本身。事实上，名声会被忘掉，稿费会被消费掉，但好作品不会，一旦写成就永远属于我了。

唯有为自己写作，写作时才能拥有自由的心态。不为发表而写，没有功利的考虑，心态必然放松。在我自己的作品中，我最喜欢的是《人与永恒》，就因为当时写这些随想时根本不知道以后会发表，心态非常放松。现在预定要发表的东西都来不及写，不断有编辑在催你，就有了一种不正常的紧迫感。所以，我一直想和出版界"断交"，基本上不接受约稿，只写自己想写的东西，写完之前免谈发表问题。

唯有为自己写作，写作时才能保持灵魂的真实。相反，为发表而写，就容易受他人眼光的支配，或者受物质利益的支配。后一方面是职业作家尤其容易犯的毛病，因为他借此谋生，不管有没有想写的东西都非写不可，必定写得滥，名作家往往也有大量平庸之作。所以，托尔斯泰说："写作的职业化是文学堕落的主要原因。"法国作家列那尔在相同的意义上说："我把那些还没有以文学为职业的人称作经典作家。"最理想的是另有稳定的收入，把写作当作业余爱好。如果不幸当上了职业作家，也应该尽量保持一种非职业的心态，为自己保留一个不为发表的私人写作领域。有一家出版社出版《名人日记》丛书，向我约稿，我当然拒绝了。我想，一个作家如果不再写私人日记，已经是堕落，如果写专供发表的所谓日记，那就简直是无耻了。

2. 真正的写作从写日记开始

真正的写作，即完全为自己的写作，是从写日记开始的。我相信，每一个好作家都有长久的纯粹私人写作的前史，这个前史决定了他后来成为作家不是仅仅为了谋生，也不是为了出名，而是因为写作是他的心灵需要。一个真正的写作者是改不掉写日记习惯的人罢了，全部作品都是变相的日记。我从高中开始天天写日记，在中学和大学时期，这成了我的主课，是我最认真做的一件事。后来被毁掉了，成了我的永久的悔恨，但有一个收获是毁不掉的，就是养成了写作的习惯。

我要再三强调写日记的重要，尤其对中学生而言。当一个少年人并非出于师长之命，而是自发地写日记时，他就已经进入了写作的实质。这表明，第一，他意识到了并试图克服生存的虚幻性质，要抵抗生命的流逝，挽留岁月，留下它们曾经存在的证据；第二，他有了与自己灵魂交谈、过内心生活的需要。看一个中学生在写作上有无前途，我主要不看语文老师给他的作文打多少分，而看他是否喜欢写日记。写日记一要坚持（基本上每天写），二要认真（不敷衍自己，对真正触动自己的事情和心情要细写，努力寻找确切的表达），三要秘密（基本上不给人看，为了真实）。这样持之以恒，不成为作家才怪呢。

3. 写自己真正感兴趣的东西

写什么？我只能说出这一条原则：写自己真正感兴趣的东西。题材没有限制，凡是感兴趣的都可以写，凡是不感兴趣的都不要写。既然你是为自己写，当然就这样。如果你硬去写自己不感兴趣的东西，肯定你就不是在为自己写，而是为了达到某种外在的目的了。

在题材上，不要追随时尚，例如当今各种大众刊物上泛滥的温馨小情感故事之类。不要给自己定位，什么小女人、另类、新新人类，你都不是，你就是你自己。也不要主题先行，例如反映中学生的生活面貌之类，要写出他们的乖、酷、早熟什么的。不要给自己设套，生活中，阅读中，什么东西触动了你，就写什么。

重要的不是题材，而是对题材的处理；不是写什么，而是怎么写。表面上相同的题材，不同的人可以写成完全不同的东西。好的作家无论写什么，一总能写出他独特的眼光，二总能揭示出人类的共同境况，即写的总是自己，又总是整个人生和世界。

三　写作与风格

这一讲的主题是怎样写。其实怎样写是没法讲的，因为风格和方法都不是孤立的，存在于具体的作品之中，无法抽取出来，抽取出来便不再是原来的那个东西，失去了任何意义。每一个优秀作家都有自己的风格和方法，它们是和他的全部写作经验联系在一起的，原则上是不可学的。我这里只能说一些最一般的道理，这些道理也许是所有的写作者都不该忽视的。

1. 勤于积累素材和锤炼文字

好的作品必须有两样东西，一是好的内容，二是好的文字表达。这两样东西不是在写作时突然产生的，而要靠平时下工夫。当然，写作时会有文思泉涌的时刻，绝妙的构思和表达仿佛自己来到了你面前，但这也是以平时做的工作为基础的。作家是世界上最勤快的人，他总是处在工作状态，不停地做着两件事，便是积累素材和锤炼文字。严格地说，作家并非仅仅在写一个具体的作品时才在写作，其实他无时无刻不在写作。

灵感闪现不是作家的特权，而是人的思维的最一般特征。当我们刻意去思考什么的时候，我们未必得到好的思想。可是，在我们似乎什么也不想的时候，脑子并没有闲着，往往会有稍纵即逝的感受、思绪、记忆、意象等等在脑中闪现。一般人对此并不在意，他们往往听任这些东西流失掉了。日常琐屑生活的潮流把他们冲向前去，他们来不及也顾不上加以回味。作家不一样，他知道这些东西的价值，会抓住时机，及时把它们记下来。如果不及时记下来，它们很可能就永远消失了。为了及时记下，必须克服懒惰（有时是疲劳）、害羞（例如在众目睽睽的场合）和世俗的礼貌（必须停止与人周旋）。作家和一般人在此开始分野。写作者是自己的思想和感受的辛勤的搜集者。许多作家都有专门的笔记本，用于随时记录素材。写小说的人都有一个体会，就是故事情节可以虚构，细节却几乎是无法虚构的，它们只能来自平时的观察和积累。

作家的另一项日常工作是锤炼文字。他不只是在写作品时做这件事，平时记录思想和文学的素材时，他就已经在文字表达上下工夫了。事实上，内容是依赖于表达的，你要真正留住一个好的思想，就必须找到准确的表达，否则即使记录了下来，也是打了折扣的。写作者爱自己的思想，不肯让它被坏的文字辱没，所以也爱上了文字的艺术。好的文字风

周国平论教育

格如同好的仪态风度，来自日常一丝不苟的积累。无论写什么，包括信、日记、笔记，甚至一张便笺，下笔决不马虎，不肯留下一行不修边幅的文字，如果你这样做，日久必能写一手好文章。

2. 质朴是大家风度

质朴是写作上的大家风度，表现为心态上的平淡，内容上的真实，文字上的朴素。相反，浮夸是小家子气，表现为心态上的卖弄，内容上的虚假，文字上的雕琢。

文人最忌，又难戒的是卖弄，举凡名声、地位、学问、经历，甚至多愁善感的心肠、风流的隐私，都可以拿来卖弄。有些人把写作当作演戏，无论写什么，一心想着的是自己扮演的角色，这角色在观众中可能产生的效果。凡是热衷于在自己的作品中抛头露面的人，都应该改行去做电视主持人。

真实的前提是有真东西。有真情实感才有抒情的真实，否则只能矫情、煽情。有真知灼见才有议论的真实，否则必定假大空。有对生活的真切观察才有叙述的真实，否则只能从观念出发编造。真实极难，因为我们头脑里有太多的观念，妨碍我们看见生活的真相。在《战争与和平》中，托尔斯泰写娜塔莎守在情人临终的病床边，这个悲痛欲绝的女人在做什么？在织袜子。这个细节包含了对生活的最真实的观察和理解，但一般人决不会这么写。

大师的文字风格往往是朴素的，本事在用日常词汇表达独特的东西，通篇寻常句子，读来偏是与众不同。你们不妨留心一下，初学者往往喜欢用华丽的修辞，而他们的文章往往雷同。

3. 文字贵在简洁

对于一个作家来说，节省语言是基本美德。文字功夫基本上是一种删除废话废字的功夫。列那尔说：风格就是仅仅使用必不可少的词，绝对不写长句子，最好只用主语、动词和谓语。要惜墨如金，养成一种洁癖，看见一个多余的字就觉得难受。

四　写作与读书

这一讲的主题是谁在写。一个人以怎样的目的和方式写作，写出怎样的作品，归根到底取决于他是个怎样的人。在一定意义上，每个作家都是在写自己，而这个自己有深浅宽窄之分，写出来的结果也就大不一样。造就一个人的因素很多，我只说一个方面，就是读书。

1. 养成读书的爱好

写作者的精神世界与读书有密切关系。许多大作家同时是大学者或酷爱读书的人，例如歌德、席勒、加缪、罗曼·罗兰、毛姆、博尔赫斯等。中国也有作家兼学者的传统，例如鲁迅、郭沫若、茅盾、叶圣陶、林语堂、梁实秋、沈从文。现在许多作家不读书，只写书，写出的作品就难免贫乏。

要养成读书的爱好，使读书成为生活的基本需要，不读书就感到欠缺和不安。宋朝诗人黄山谷说："三日不读书，便觉语言无味，面目可憎。"三日不读，自惭形秽，觉得没脸见人，要有这样的感觉。

读书的面可以广泛一些，不要只限于读文学书，琢磨写作技巧。读书的收获是精神世界的拓展，而这对写作的助益是整体性的。

2. 读最好的书

读书的面可以广，但档次一定要高。读书的档次对写作有直接影响，大体上决定了写作的档次。平日读什么书，会形成一种精神趣味和格调，写作时就不由自主地跟着走。所以，读坏书——我是指平庸的书——不但没有收获，而且损害莫大。

我一直提倡读经典名著，即人类文化宝库中的那些不朽之作。古今中外有过多少书，唯有这些书得到长久和广泛的流传，绝大多数书被淘汰，决非偶然。书如汪洋大海，你自己作全面筛选决不可能，碰到什么读什么又太盲目。这等于是全人类替你初选了一遍，这等好事为何要拒绝？即使经典名著，数量也太多，仍要由你自己再选择一遍。重要的是要有一个信念，非最好的书不读。有了这个信念，即使读了一些并非最好的书，仍会逐渐找到那些真正属于你的最好的书，并成为它们的知音。

千万不要跟着媒体跑，把时间浪费在流行读物上。天下好书之多，一辈子读不完，岂能把生命浪费在这种东西上。我不是故作清高，我有许多赠送的报刊，不读觉得对不起人家，可是读了总后悔不已，头脑里乱糟糟又空洞洞，不只是浪费了时间，最糟的是败坏了精神胃口。歌德做过一个试验，半年不读报纸，结果发现与以前天天读报比，没有任何损失。

3. 读书应该激发创造力

我提倡你们读书，但许多思想家对书籍怀有警惕，例如蒙田、叔本华、尼采。开卷有益，但也可能无益，甚至有害，就看它是激发了还是压抑了自己的创造力。对于一个写作者来说，读书应该起到一种作用，就是刺激自己的写作欲望。

为了使读书有助于写作，最好养成写笔记的习惯。包括：一、摘录对自己有启发的内容；二、读书的体会，特别是读书时浮现的感触、随想、联想，哪怕它们似乎与正在读的书完全无关，愈是这样它们也许对你就愈有价值，是你的沉睡着的宝藏被唤醒了。

（2000 年 10 月）

谈谈幼儿教育 (提纲)

我对幼儿教育感兴趣，首先是作为幼儿的父亲。我的孩子正在上幼儿园，我发现，在孩子心目中，老师是绝对权威，老师说的话是绝对真理，这真让我羡慕，同时也有些担心。老师对孩子的影响太大了，因此老师的素质太重要了。其次，我的专业是哲学，历来哲学家对教育都非常关注，每一种教育理论背后都有一种哲学，哲学是教育的根据、理念、核心。如果说哲学是对世界和人生的根本看法，描绘了人、人类应该怎样生活的蓝图，那么，教育就是实现这个蓝图的最重要途径，而幼儿教育则是其起点和关键时期之一。

一 对儿童和儿童教育的根本观点

对于儿童和儿童教育，有两种对立的观点。一种观点认为，孩子是尚未长大的成人，儿童期的全部价值在于为将来做准备，教育的目标也在此，即掌握知识，将来适应社会。所谓"长大成人"，仿佛在长大之前还不是人似的，这种提法本身就十分荒唐。另一种观点认为，孩子就是孩子，儿童期本身具有价值，儿童教育的目标是实现此种价值，使孩子有一个幸福的童年，身心健康地生长，以此为一生的幸福和健康生长打好基础。

杜威是后一种观点的旗帜鲜明的代表，他指出：教育即生长，生长就是目的，而非生长另外还有一个目的。"教育是生活的过程，而不是将来生活的准备。"人生各个阶段的生活同样重要，儿童期生活有其内在品质和意义，不应把它当作一个但愿快快过去的未成熟阶段。他坚决反对前一种观点，即认为生长是朝着一个固定目标的运动，教育的目的是为将来的成就或职责之类做准备。

蒙台梭利也尖锐地批评了"过去的错误"，即视儿童为"一个未来的存在"，在达到成为一个人的阶段之前，儿童无甚价值，教育的唯一目标是使儿童为未来的社会生活做好准备。他指出：儿童有自己的人格，有创造精神的美和尊严。

对儿童期的尊重，事实上对教师提出了更高要求。教师不能以成人的经验和需要为标准，简单地让孩子适应成人世界，其结果必定是压制了儿童的本能和需要，而是必须细心体察和研究孩子的特性。

这种观点不是否认，而是更重视儿童期对于一生的重要性，但着眼点不是为将来适应社会做准备，目标定位在孩子未来的整个人生，使其过幸福而有意义的一生。正如蒙台梭利所说：儿童期是一生中最重要的时期，精神上也是如此。强调儿童期对于一生的重要性，却反对把儿童期看作未来适应社会的准备，二者之间是否冲突呢？我的回答是没有，因为第一，人格健全的人不是被动地适应社会，而是能对环境做出积极的反应；第二，罗素说得好：一个由本性优秀的男女所组成的社会，将比相反情形的社会能产生更好的结果。

归纳起来，儿童教育的目标，从眼前来说，是要给孩子一个幸福而有意义的童年，身心健康地生长；从长远来说，是要为孩子拥有一个幸福而有意义的人生创造良好的基础。

一个好的幼儿教师，最重要的素质是爱孩子、懂孩子。所谓爱孩子，就像罗素所说，好的教师具有博大的父母本能，深深感觉到孩子是目的而不是手段。这个要求非常高，在中国，许多做父母的，其父母本能也扭曲了，实际上是把孩子当作实现自己狭隘人生目的的手段了。

二 幼儿的特点与相关的教育任务

幼儿的特点，第一是生命力的蓬勃生长。孩子喜欢玩，那是其生命力的自我享受。好老师、好父母首先是孩子的好玩伴。童年的快乐是一生幸福的基础，快乐的孩子往往有自信心和独立性，内在人格健全。让孩子快乐，这是幼儿教育的第一原则，这样才能把他们培养成热爱人生、对生活有信心的人。不要从功利目标出发强求孩子，比如学各种班。中国的孩子最大的问题是不快乐。一个尖锐的问号：是谁夺走了中国孩子的幸福？爱默生说："婴儿期是永生的救世主，为了诱使堕落的人类重返天国，他不断地来到人类的怀抱。"现在我们是在做相反的事，逼迫孩子早早地堕落，堵死我们重返天国的路。

第二，幼儿有强烈的好奇心。好奇心是最重要的智力品质，必须鼓励和保护。怀特海说：儿童应该从一开始受教育就体验到发现的愉快。对孩子的提问，不要置之不理，不要堵回去，更不要给一个简单的答案。重要的不是知识，而是心智的活泼和敏锐。中国孩子缺乏好奇心是有名的，责任在我们的学校教育和家庭教育。

第三，创造性。孩子没有先入之见，不受现成的概念、观念、规则之束缚，拥有看事物的第一眼、未被污染的直觉、不受拘束的想象力。这从儿童画中可以看得很清楚，其特点是自由感知、自发性、表现性。孩子讲故事也是如此。应该鼓励创造性，不要用现成的规则约束儿童。例如教绘画，往往把孩子原来的创造性教没了，画作雷同。标准不应该是像不像，应该是有没有意思。马斯洛说：创造性是人性中天生的潜能，多数人因适应社会的文化而被压抑甚至丧失。现在教育的问题就是使劲让孩子适应社会的文化，导致创造性很早就丧失。

第四，丰富的潜能。孩子的才能未定型，这是优点，不是缺点，蕴涵着无限的可能性。在教育中，应保持潜能及其发展的开放性，培养全面发展的人。单向挖掘和发展，过早定型，结果必然是成为片面的人。

第五，也应看到，孩子不是一张白纸，每个孩子的基因是独一无二的，这是个性的生物学基础，并决定了不同的禀赋。教育不是把知识灌输进一个空的容器，而是既有禀赋的生长。杜威说："兴趣是生长中的能力的信号和象征。"教育者对孩子的兴趣应予以同情的观察，发现隐藏在其后的能力，给予鼓励、引导。不过，仍要注意不可单向定型。

根据幼儿的特点，教育的任务可归结为：

第一，提供外在的自由。认识幼儿的优点，为其生长提供最佳环境，善于发现、鼓励、引导，切勿压抑和损害。教育的任务往往是否定性的，优秀的人是生长成的，不是训练成的。

第二，培育内在的自由。在外在自由环境中，通过好奇心、创造力、自信心的生长，形成独立思考和行动的能力。内在自由即此种能力，有此就能继续生长。杜威说教育的价值在于创造继续生长，就是这个意思。

中国的孩子缺乏两种自由，根源在于教育的功利性。

（2003 年 11 月 2 日于北京启明幼儿园）

谈教育片段

一

刚到成都,有记者听说我要来你们学校,就问我准备对你们讲什么,我脱口说:"我准备和同学们讨论一下怎么对付教育。"(掌声,大笑)我本来是开个玩笑,但是,话一出口,我立刻感到这不是玩笑,而是一个严肃的话题。现在的教育的确是一个需要我们对付的东西,学生和好的老师应该联合起来,想办法对付它。说什么把应试教育改变为素质教育,要真正做到这一点,首先必须做一件事,就是废除高考。(掌声,欢呼)不废除高考,改变应试教育就是一句空话。大学应该开放,像西方发达国家那样,只要有合格的中学毕业文凭,谁都可以进去。当然,不是谁都能够毕业,要毕业就必须写出合格的论文,证明自己具备一定的研究能力。(2002年3月26日于四川蒲江中学)

二

我看到你们的校舍和设备这样好,觉得你们很幸福。然后,我听校领导和老师说,你们每天从早到晚必须做习题,两周只能休息一天,又觉得你们很不幸。但是，你们的校领导和老师和你们站在一起，想办法对付现行教育体制，尽量为你们争取自主学习的空间，我又觉得你们在中国不幸福的中学生里又是比较幸福的。我很佩服你们的高校长，他不像许多校长那样是在做官，他是在做教育家。

在高中期间，最重要的事情是什么？我认为是保护求知欲，培育对知识的浓厚兴趣。

高校长要我谈谈怎么提高作文水平，我的建议是，要以珍惜自己的经历和体验的心情坚持写日记，根据我自己的经验，我觉得这是最有效的途径。不过，我要提醒你们，也提醒在座的语文老师，你们写的日记不要给老师看，谁也不让看，老师也不应该要求看。只有这样，你们才可能写得真实。语文水平不是纯粹技巧的问题，最重要的还是要有真情实感，然后把它准确地表达出来。那么，不让老师看，老师怎么知道你们的水平有没有提高呢？完全能够知道，因为你们从写日记中得到的收获必定会在作文中体现出来，而被有慧眼的教师看到。（2003 年 4 月 1 日于江苏张家港中学）

三

李韶先生要我和你们谈一谈教育。你们是来自两岸三地的大学生，李韶先生出钱让你们在假期里到三地考察，开阔眼界，我觉得你们真是幸福。

对在校的大学生谈教育，我最想说的是提醒你们对教育保持警惕。据我所知，一切优秀人物在上学时都有这样的警惕，不为了做"好学生"而被体制化教育损害，爱因斯坦就是一个典型例子。体制化教育有两个不可避免的缺陷。一个是保守性，它只适合于平均智力水平的学生，世界上没有也不可能有适合于天才的教育体制，它着眼于既有知识的接受，而创造的能力是不可教的。另一个是功利性，它把注意力放在培养社会当前所需要的人才，而在现在这个急功近利的时代，功利性更是膨胀，市场经济价值支配了大学教育，并且通过应试程序，比如能不能进名牌大学，又支配了中等和初等教育。体制化教育的这两个缺陷是不可克服的，最多只能减轻。我说这些不是要你们拒绝体制化教育，而是要你们与它保持距离，不要完全被它支配。我认为，一个学生的学习是否卓有成效，归根到底就取决于他在体制化教育面前为自己争得了多大的自主学习的自由。（2004年7月12日于北京大学举行的香港大学李韶计划宴会）

四

我当年上的也是名校，和你们不同的是，不是爸爸妈妈让我上的，是我当时暗恋的一个女生让我上的。（大笑）她告诉我，考上了上海中学，上学和放学有小汽车接送。我考上了，但是哪有小汽车接送呀，不过我一点儿不后悔，我的收获比小汽车接送可大多了。我在中学时代的最大收获是养成了两个终身受益的习惯，一是读课外书，二是写日记。

现场交流片段：

问：你对中学生早恋怎么看？

答：我认为早恋是天底下最正常的一件事。其实，青春期开始恋爱正是时候，何"早"之有？（掌声）我读中学时管得很严，不允许，我羡慕你们。（掌声）

问：你对中学语文考试怎么看？我们应该怎样处理语文考试与对文学的爱好之间的矛盾？

答：我认为现在的语文考试是荒唐的。（掌声）中学语文测试常常用我的文章做考题，让学生分析其中一些句子的含义，有标准答案。有一次，一位朋友的女儿拿这样一份卷子让我做，我只得了七十分。她给我看标准答案，天哪，我自己压根儿没想到我写的文章有这些含义。（大笑）怎样处理语文考试与对文学的真正的爱好之间的矛盾？只有一个办法，就是语文考试向对文学的真正的爱好让步。如果让我改革语文考

试，我就只考一样，就是写文章，而且不命题。（掌声）

问：你对于丹大师和易中天大师的电视讲座怎么看？

答：你把于丹和易中天称作大师，大师的标准定得太低了吧？（笑）我认为当代无大师，这是一个没有大师，只有偶像的时代。（掌声）我清醒地知道自己不是大师，也从来不认为自己是大师，我所做的事情只是把人们引到大师面前。（掌声）所以，我的书完全可以不看，你们一定要亲自去看大师的书。（2007 年 4 月 27 日于重庆第八中学）

五

我认为中学教育的主要目标是让学生快乐学习，健康生长，成为优秀的人。大家都在讲素质教育，什么是优秀的智力素质？在学生阶段，就体现在两种能力上，一是快乐学习的能力，二是自主学习的能力。学习本来是天底下最快乐的一件事情，现在成了最痛苦的一件事情，肯定是教育出了问题。

语文教学的任务是培养阅读能力和写作能力。在阅读方面，要有一定的阅读量，逐步形成好的阅读趣味。怎么算好？一是有眼光，能辨别书的好坏；二是有个性，找到自己的书中知己。现在语文测试都有标准答案，这很荒唐，如果用来测试的真是好文章，不同的人就一定会有不同的理解，水平就体现在有独立的见解，哪怕是"创造性的误解"，言之成理即可，所谓标准答案必定平庸之极。在写作方面，要鼓励学生勤写，写自己感兴趣的东西，这样才能写得真实，写出水平。所以，我主张作文以不命题为主，即使命题也要宽泛些。（2007 年 10 月 19 日于苏州大学附中）

六

来实验一小做讲演，我很激动，激动到什么程度？失眠了。我在各地做过许多讲座，这是最感到光荣的一次，因为我一直想有一个机会，来表达我心中的感激和敬意。我深感实验一小是一个好学校，不只因为是百年名校，名校不一定是好学校，好学校的标准是有一个好校长和一批好老师。我的孩子在陈媛老师的班上，她心情一直很愉快，经常兴致勃勃地跟我讲班上的事情，我从她的讲述中感到，陈老师真是爱孩子、懂孩子。来之前我读了颜凤岭校长的文章，颜校长提出文化育人的理念，提倡人的精神性培育，教育的目标是人的精神属性的发展，鉴于现实中的背离，他强调文化育人就是要回归人的本质、教育的本质。我非常欣赏这些见解，今天我的讲演实际上是表达对颜校长的观点的强烈共鸣。

在座的都是教师，你们比我更懂教育。我的专业是哲学，对人生哲学的问题想得比较多。不过我想，人世间许多道理是相通的，做人与教人、育己与育人是一致的。我们对自己的人生最看重什么，我们在教育孩子时也就应该最看重什么。我自己认为，人生中最值得追求的是两个东西，一是幸福，二是优秀。这两个东西又是有联系的，幸福的源泉一是健康的生命，二是优秀的精神，而优秀就是智力、情感、道德等精神属性的健康生长。我们愿意自己有幸福的人生，成为优秀的人，那么，这也应该是我们教育孩子时的努力目标。（2008 年 12 月 26 日于北京第一实验小学）

图书在版编目（CIP）数据

周国平论教育/周国平著. —上海：华东师范大学出
版社，2013.6
（大夏书系·十年经典）
ISBN 978 - 7 - 5675 - 0818 - 7

Ⅰ．①周... Ⅱ．①周... Ⅲ．①教育—中国—文集
Ⅳ．①G52-53

中国版本图书馆 CIP 数据核字（2013）第 131256 号

大夏书系·十年经典
周国平论教育

著　　者	周国平
策划编辑	朱永通
审读编辑	杨　霞
封面设计	奇文云海
责任印制	殷艳红
出版发行	华东师范大学出版社
社　　址	上海市中山北路 3663 号　　邮编　200062
网　　址	www. ecnupress. com. cn
电　　话	021 - 60821666　　行政传真　021 - 62572105
客服电话	021 - 62865537
邮购电话	021 - 62869887　　地址　上海市中山北路 3663 号华东师范大学校内先锋路口
网　　店	http://hdsdcbs. tmall. com/
印 刷 者	北京密兴印刷有限公司
开　　本	710×980　16 开
印　　张	16. 75
插　　页	2
字　　数	220 千字
版　　次	2013 年 8 月第一版
印　　次	2015 年 11 月第二次
书　　号	ISBN 978 - 7 - 5675 - 0818 - 7/G · 6558
定　　价	35. 00 元
出 版 人	朱杰人

（如发现本版图书有印订质量问题，请寄回本社市场部调换或电话 021 - 62865537 联系）